白隠「内観法」の真実

# 丹法入門

岡部守成
Okabe Morishige

論創社

# 丹法入門——白隠「内観法」の真実　目次

# I　瞑想の力

## Ⅱ　日本への丹法の伝搬

# 丹法入門——白隠「内観法」の真実

# Ⅰ　瞑想の力

# 第一章　坐禅修行の道

## 1　白隠禅の門に入る

一九八八年、仕事として執筆業と青山館《せいざんかん》という出版社を経営していた。その忙しさのため身心は疲労困憊《ひろうこんぱい》の極《きわ》みにたっしていた。夜中になると胸のあたりがしくしく痛くなる。夜中なのに息ができないような状態になる。心労が大きいと胸のところが締め付けられるように痛い。

医者からは心臓神経症かなという診断を受けていた。とにかくムリをしないで安静に過ごすようにしなさいということであった。現在ではこれは「心身症」ということでその専門医院がある。

私としては人生の再出発を賭《か》けている時期であり、ここで死んでしまっては申し訳《わけ》が立たないという切迫感があった。心身症の解説本にはこうした切迫感が病因それ自体になってしまうわけで、むしろ逆にこうした身心のムリは捨てなければならないと述べている。しかしこれは言うは易《やす》く行《おこな》うは難《かた》しである。とにかく仕事だけは達成しなければならない。

また私は生来、盲腸の手術以外病気らしいものをしたことがないこともあって、クスリに頼る治療ということに非常な抵抗感があった。今日ではこの「パニック障害」にはクスリも開発されているが当時はそれほど確定的な治療薬も開発されていなかった。そうしたこともあって、とにかくクスリなしでの対処法を行わなければならないという状況であった。

こんな状態の時に調和道丹田呼吸法《ちょうわどうたんでんこきゅうほう》〔社団法人調和道協会の創立者・藤田霊斎によって、明治四十年に創始された丹田呼吸法。〕を知った。そしてここで波浪息《はろうそく》や数息観《すそくかん》ということを知り、その実習トレーニングのために谷中にある調和道の会館に熱心に参加した。ある日の談話会の時、谷中にある全生庵《ぜんしょうあん》で日曜坐禅会があるということを知った。

坐禅をするということに興味はあった。しかしきびしい作法があり、足も痛いだろうということもあってちょっと躊躇《ちゅうちょ》気味であった。それでもなお坐禅への関心の方が勝ってしまい一度問い合わせてみようと思った。

全生庵は山岡鉄舟《やまおかてっしゅう》〔幕末・明治の政治家。無刀流の創始者。〕ゆかりの名刹《めいさつ》である。当時の住職は平井玄恭《ひらいげんきょう》和尚。その夏の日曜日、和尚の面接を受けてその場で参加することの許可を得、すぐ坐禅会の場所に案内された。

辺りを見渡すと本堂の周りにはすでに静かに坐っている人たちがいる。一言もしゃべらない。後から続いてきた人も身支度を調えて坐蒲《ざぶ》〔坐禅のとき坐蒲団を敷き、その上に丸い坐蒲を敷く。〕が置かれているところに静かに坐った。私は道場の隅の方、待合場所みたいな狭いところに遠慮気味に坐った。そこにも二、三人がすでに坐っていた。

しばらくそのまま静かに坐った。しかし坐の組み方を知らない。安坐のように坐っているとしばらくしてチーンとなった。二便往来《にべんおうらい》〔大小便の用を足すこと。〕、という声。すると半分ほどの人が立ってトイレに入った。私はそれを見ながらのんびりしていた。またチーンと鳴り拍子木が鳴って静かになった。再び坐禅に入った。

すると警策《けいさく》〔坐禅のとき、眠気を覚まし精神集中を補助するための長い棒。朴の木と樫の木で作ったものがある。〕を持った先輩が静かに回ってきた。だんだん緊張してくる。側に来た。前に来てじっとしている。そして静かにその警策を私の背中にあてて、ぐっと圧す。背筋を伸ばせということのようだ。足の組み方も結跏趺坐《けっかぶざ》

〔まず右の足を左の股（もも）の上にのせ、次に左の足を右の股の付根にのせる。〕を指導された。尻の位置を少し高くすればなんとか足を組むことができた。手は法界定印《ほっかいじょういん》〔右手掌に左手掌を乗せ、親指先を付けるようにする。そして禅定の印を結ぶ。〕を組む。そして静かに瞑想に入った。このようにして私の坐禅修行が始まった。

## 2　一切衆生悉有仏性

坐禅修行に入って半年。坐禅を修練しながら仏教関係の読書も広がっていった。そんななか「一切衆生悉有仏性《いっさいしゅじょうしつうぶっしょう》」という教えに深い共鳴を覚えた。すべての人間は仏となることができる本性（仏性）をもっているという。

これは本当に驚くべき教えである。現世は利害得失を規範にした生存競争に明け暮れする凡夫《ぼんぷ》の集まりである。それでもなおこのように人間の根本的変革の可能性を公然と説いている。それはおとぎ話だよと一笑に付されてもおかしくはない。しかし考えてみると仏の慈悲ということが成立するためにはこのことが根本になければならないだろう。

一闡提《いっせんだい》ということがある。どうにもこうにも仏にはなれない人ということである。それでもなお「一切衆生悉有仏性」ということがあるのは、その一闡提でもなにかの拍子に仏の慈悲に触れて心を入れ替えることがあるという希望的人間観ということである。

坐禅修行以前の私の思想には人々を愛する心が欠けていたようだ。戦争を忌避《きひ》し平和主義を唱え「ベトナム侵略戦争反対」等の運動を主張し実践したとはいえ、根本的には人々への愛を欠落した主義主張を唱えていた。それは「エリート主義」に凝り固まったものであった。

しかしいま坐禅修行に入ることによってこうした慈悲の教えがあることを知った。慈悲の教えは知識的に知ったとしてもなんにもならない。また愛の心に目覚めたということがあってもすぐ実践できるわけではない。

大いなる慈悲を体得するためにはこの一切衆生悉有仏性の教え、空の思想、宇宙的生命観を知らなければならない。『般若心経』にある「色即是空《しきそくぜくう》・空即是色《くうそくぜしき》」〔「色」は現象世界、「空」は実体はないこと。〕の教えを根本的に洞察しなければならない。

人間や山川草木、あらゆるものは宇宙的生命力の現れなのである。空というのはその宇宙的生命力、つまり仏の運動、躍動、リズムなのである。空は空虚ではない。逆に完全に濃密な仏の生命力の充満を意味するのである。

## 3　坐禅を日課とする

坐禅修行に入って一年。これから本格的に「生活禅」を実践してゆこうという気持が沸き上がってきた。

倉《くら》田《た》百三《ひゃくぞう》〔『出家とその弟子』（大正五年発表）を代表作とする。一八九一〜一九四三。〕は「念仏申さるるよう」過ごす生活を「絶対的生活」だといい、「俗世のまやかしの生活」に対置して後半生を過ごした人である。

「自分の念仏の生活は、常識生活から来たのではない。人道主義からでもない。ニヒリスティックな生活から反転して来ていたものである。正義や社会革命の情熱で直接生を支えることのできない自分には、絶対的生活を失うことは最後のものを失うことであった。」（倉田百三『法然と親鸞の信仰』）

私は念仏申すというわけではないが、坐禅を日々の日課とすることができる生活への転換を開始した。

自宅二階の部屋の棚上には素朴な仏の絵がある。その前に線香入れと引磬《いんきん》〔真鍮製の鳴物。入定、出定等の合図に用いるもの。〕と拍子木《ひょうしぎ》がある。坐禅するときにはこの仏の絵に礼拝してから坐禅に入る。およそ二十五分を一回の瞑想時間として二回行っていた。日常生活の中に坐禅を取り入れてゆくという実践を始めたのである。

その年の夏には埼玉県新座市にある平林寺の夏季坐禅会に参加。平林寺は禅宗妙心寺派〔臨済宗系統の京都・妙心寺を本山とする。〕の根本道場で、五泊四日の集中坐禅会である。初心者の私には大変キツイ坐禅修行となった。

道場に入ると二便《にべん》用足し以外はそこから出ることはできない。一日中坐禅をする。ときどき経行《きんひん》〔足の痺（しび）れを取るために歩行すること。〕は行われたけれども。

中日になると足は痛くなり、泣き出したくなるほどの痛みを感じるときもあった。それでもウンとハラに力を込めてガマンする。それでしばらくすると麻痺してしまって痛みはなくなったかのようになる。実際には痺《しび》れているため、経行に立つときなどは立つことが出来ない。夜坐に入る頃にはもうろうとした意識になってしまう。幻覚にも襲われた。眼前には大きいゲジゲジがはい上がってくるのが見えたりした。それでも坐禅を崩さないでいるとそのゲジゲジもすっと去っていってしまう。

しかし四日目あたりからこうした痛みやもうろうとした意識はなくなっていった。非常にすっきりした意識状態で坐禅を続けることができるようになったのである。

そして最終日までやり遂《と》げた時には、やったぜという興奮に包まれてきたのである。この時の指導は糸原圓應《えんのう》老師であった。

前の単《たん》〔道場内の坐席のこと。〕で座を組んでいる人はどこかの大学生だったが、坐禅ははじめての様子であった。二日目辺りから坐を組んでいると自然とウーン、ウーンというような声を出しはじめた。足が痛いのであろう。三日目になると指導の僧侶が痛み止めの練りクスリを持ってきて塗っていた。それでもやはり痛そうであった。ところが四日目に入ってぴたっとうめき声がなくなってしまった。おそらく麻痺して慣れてしまったのではないだろうか。そして最後まで坐禅をやり通してしまった。

最後の五日目には指導にあたった僧侶がこの夏季坐禅会をやりとげた心境はどうかと聞いてきたのでそれに答えて、「武蔵野の堂宇に入り来る　夏の夜の禅林の風」という一句を提示した。

## 4　鈴木宗忠老師の室に入る

一九八九年十月某日。この日、鈴木宗忠《むねただ》老師の提唱を聴いているとき完全に自他一如の境に陥ってしまった。この日はそれまでの坐の位置とは違い、なんとなく最前列の一番左側に坐を組んだ。鈴木老師の顔が見えるほどである。提唱〔禅宗で教えの根本を説き示すこと。〕を聴いていても不思議と恐れることもなく、老師の言葉が私の周りを飛び跳ねているかのようだ。提唱内容は特別難しいものではない。

「むかし龍澤寺《りゅうたくじ》〔静岡県三島市に所在。開山は白隠禅師。宝暦一〇（一七六〇）年。〕へむかって山道を歩いていたことがあった。その時蜂が一匹、大きい奴で、頭の上に飛んできおった。頭をこんなヤツに刺されたら大変じゃと思ったけれど、手で払ったりすればかえって攻撃してくるだろうなと思い、わしはほっといたんじゃ……。

ぶんぶんいうてきたけれどもほっといたわけじゃ。すると頭の上にそいつが止まりよった。ほんまに驚いたがしかし……そのまま……そのまま……」

と静かな老師の声が響いていた。

じつはその時私の鼻先に一匹の蚊がふわりと飛んできて止まってしまった。私はすぐ払おうかと思った。しかし坐を組んでいる最中だから動くことはぜったいしてはいけないと思い込んでいたものだから、よわったなあ、と迷っていたところであった。そのやさきに老師の言葉が凛《りん》と聞こえてきた。「そのまま……そのまま……」

くだんの蚊は鼻先に止まって私の血をいっぱい吸い込み、暗い赤みを帯びてボテッと脹《ふく》らんでいた。しかし私は払うことをせずそのまま坐り続けた。すると蚊はふっと離れてゆっくり飛び去っていった。すると「そうじゃ、そうじゃ。どうじゃ飛んでいってしまったじゃろう」と老師が言い、「今日はこれまで」と提唱を終わってしまった。

続いて独参が始まった。常連、古参はつぎつぎと坐を立って廊下の方に歩いて行く。その後姿をみながら入室《にっしつ》したい気持がたかまっていたが、独参の仕方を知らないので諦めようとした。すると平井玄恭和尚がすっと私のそばによって、「行きなさい、行きなさい」とささやいてくれた。

私は立ち上がって無言のまま先輩の後について待機した。私の番になったので先輩のマネをして平身低頭しおずおず入室した。

「どこで修行をしてきたのか?」

「いえ……この夏たまたま平林寺の夏季坐禅会に参加しただけであとはここの坐禅会のみです」

「では平林寺での修行をなぜ続けなかったのか？」

「それは、夏季坐禅会にたまたま参加しただけで毎月の坐禅会ではありません」

と申し上げた。

　鈴木老師はしばらく黙って私を見つめゆっくりと「そんな坐り方では安定しないだろう。まずしっかり坐ることじゃ」といい、チリンと手元の鈴を鳴らした。

　この後二、三回入室したのであったが老師の出向がなくなった。どうしたのかなと思っていたが、それから半年ほどたって死亡したことを知った。ガンであったらしい。

『禅文化』誌（一九九〇年四月号）「鈴木宗忠老師を悼む」という平井玄恭和尚の一文を読んだ。そこに老師は足尾の生まれだと書かれていた。かつて私は『田中正造とその時代』という雑誌を刊行したこともあったので、これは不思議なご縁だなと思った。

　老師の最後の『無門関《むもんかん》』〔南宋の無門慧開が、古来の公案四十八則を選述した。第一則の「無字の公案」が有名。〕提唱では、「ただ自知することのみを許す！」という、ライオンが吼えるような大声での説法であった。これが老師の遺言となった。

## 5　円覚寺参禅記（1）――警策の一撃

一九九〇年、円覚寺《えんかくじ》〔鎌倉市にある臨済宗円覚寺派の大本山。〕の居士林《こじりん》〔在家修行者のための坐禅道場。〕での日曜坐禅会。三回目の居士林での坐禅。この日は出発するとき懐疑心が起こった。いったい何を求めて円覚寺まで行くのか？　居士林での坐禅はなんのためにするのか？　師を求めることなかれ。これはこの間の坐禅修行で辿り着いたこと。師を求めることがない以上わざわざなぜ居士林へゆくのか？　この自問に対し、この道場での坐禅そのものが目的なのだと自分に言い聞かせていた。

実際この居士林に入ると全身に響いてくる霊気のようなものを感じる。ここはもと柳生流剣道場であった。創建は幕末である。以来多くの先輩居士が修行を積んできたところである。

とつぜ警策が突き出されてきた。ちょうど頭のなかには、真人《しんにん》とは何か、臨済《りんざい》のいう真人と荘子《そうじ》がいう真人は同じなのか。臨済には独自の内容が込められているのか？　そんなことをばくぜんと考えていた。これではいかん、と思っていたところ直日《じきじつ》〔その坐禅修行の最高指導者。〕は見逃さなかった。

ハッと気づいたとき警策《けいさく》が目の前にある。合掌低頭するやいなや右後背に、ぱん、ぱん、ぱん、ぱんと打ち下ろされた。続いて左後背にも。少し痛みが走った。

「思案なげ首の坐禅をするんじゃない！　ただ空っぽにしろ。深い呼吸の中に自分を投げ入れろ」。続いて視線を正された。「腰をもっと立て、背筋を伸ばして視線を道場の中央にある単端《たんはし》まで投げろ」と警策で指す。すると上半身が高々となって気分的にも余裕が生まれた。「堂々と坐れ」再び和尚の声が飛んできた。

夜坐。夜の方丈《ほうじょう》〔長老、住持の居所。本堂、客殿を兼ねた建物。〕に漂う冷たい気配。体が冷えてくる。私はそれに対抗するかのように丹田呼吸を繰り返す。臍下丹田《せいかたんでん》に一本のローソクの火が灯った。その暖気が徐々に腸、胃袋そして血管を通して手足の先まで温めてくれる。数息《すそく》〔坐禅の呼吸法の一種。自分の呼吸を「ひとーつ」「ふたーつ」と十呼吸を数え、また「ひとーつ」と繰り返す。〕から随息《ずいそく》〔呼吸法の一種。自分の呼吸に適うように瞑想を深めてゆくこと。〕へ。いつまでも坐っていられるような気持になった。

十一時着床、四時起床。洗面後暁天坐禅《ぎょうてんざぜん》へ。消灯するとボーっと浮かび上がる影。その陰影が徐々にはっきりしてくる。始発の電車音がごとごと響いて、また静寂が戻ってくる薄明かりの中にカラスがアーっと一声。すずめがチュンチュンと鳴き始めた。中単《なかたん》の畳の色がぼんやりと見え始めた。

粥坐《しゅくざ》の後、作務《さむ》。九時足立大進《あだちだいしん》老師の説法。今日は天皇即位の礼について。「本来仏法は政治経済のことに関係がない。高いレベルのもの。しかし円覚寺としてはひとりの国民として憲法に象徴天皇制を認め、国会で決められた即位の礼を認める。そのお祭りとして祝聖《しゅくしん》を行う」。私は崩れかけていた足を組み直し坐禅に入った。坐禅のなかでこの話を聴いている。

## 6　円覚寺参禅記（2）——女子高生の坐禅体験

一九九一年三月某日。今日はまだあどけない顔付きをした女子が訪れてきた。ナップザックにジーパンスタイル。

和尚が聴く。

「坐禅をしたことがありますか」

「いえ……」

「ここのことをどうして知ったの?」

「友達に聞いて。ここで坐禅のようなものをやっているというから……」

とたんに和尚は「坐禅のようなものとはなんだ……。坐禅だ。ここで行っているのは坐禅なんだ」と言葉を詰まらせながらその子をじっと見ている。彼女は帰る素振りを見せない。真剣な眼差しで和尚を見返している。「ここに所定のことを書いて。……え、十八歳なの？ 高校生。卒業して大学生になるのか」和尚は絶句した。

外単《がいたん》に入る。さらに堂内に入ろうとする。「入ってから低頭する」とすぐ持者《じしゃ》〔坐禅修行で師や長老に仕えて雑用を務める弟子。〕の声が飛んだ。私の前を歩いているとき、スースーと音がする。足を引きずって歩いている。今の若い人はこんな歩き方をするのかな。その女子は中単に坐った。やはりあどけない顔をしている。ところが坐り始めると一生懸命だ。ときどき体を揺する。すると「動かない！」と先輩からの一喝。三十分の坐が終わるごとにトイレに行く。たぶん足を痛めているのだろう。そのうちなかなか帰ってこない。女子トイレは別棟なので直日《じきじつ》がいう。「持者さん、彼女をみてきてくれ」。しばらくすると別棟から「早くしろ！」という声。用を済ませた彼女はまた坐り始めた。

翌朝の暁天坐《ぎょうてんざ》に入るとさすがに疲れが出て来たとみえる。上半身が揺れる。すぐ坐り直すということを繰り返す。警策を持った直日が彼女の右肩に静かに手をあて落ち着かせた。そしてパンパンパンパンと四度軽くたたいた。続いて左側も。彼女は体をしゃきっとさせた。こうして彼女は一度も音をあげることなく坐りきった。

前回の足立老師の提唱では、なぜ居士林に来て坐禅するのか？　このことを徹底的に問い詰めてみろということだった。

恬淡虚無《てんたんきょむ》。ただここに来て坐りたい。それだけのことだ。ムーッと下腹部に力を入れ頭の血を下げてゆくイメージで坐る。頭はクールになってゆく。見えるものは見えている。聞こえてくるものは聞こえる。しかし心は動かない。

## 7　円覚寺参禅記（3）——無依の道人

「官知止而神欲行」。官知止《かんちど》まりて神《しん》行かんと欲《ほっ》す。感覚知覚を無くすれば、神《しん》は十分働いてくれるものだ。これが「身心脱落《しんじんだつらく》」の意味である。「無眼耳鼻舌身意《むげんにびぜつしんに》」と般若心経《はんにゃしんぎょう》に説いている。このとき新しい超感覚知覚が誘発されてくる。「冷暖自知《れいだんじち》」をおのれに言い聞かせる。こうして坐ることそれ自体の中に何かが潜んでいるという感覚に引っ張られている。

前田利鎌《とがま》『臨済と荘子』におおきく触発された。通常の感覚にもとづく認識、概念的思索の生活を抜け出たところに生の実相をみる。般若波羅密《はんにゃはらみつ》の大河を前に今の自分は座っている。

大死一番。知識は他人の言説にすぎない。自分を構成してきたものすべてを捨てきって真の言葉が生まれてくるまで何ものにも依存しない。

官知止而神欲行。空なるもの、そこが仏の世界だという確信。「清水《きよみず》の舞台」から飛び降りることなのだ。

こうしたことを今回の坐禅で体得せんという意気込みを持っていた。しかしこの期待心こそが完全な間違いであった。無依《むえ》の道人《どうにん》はこんな依存心をたたき割ることなのだ。徒手空拳、本来無一物《ほんらいむいちもつ》。流れのことも泳ぎ方も知らない、そういうおのれが仏の大河の中へ飛び込んでゆくのだ。

今日の和尚はまだ若い。しかしその熱心な説法は自分の心境と一致したように思う。「坐ることに慣れてきたように思って、その慣れに溺れてはいけない。坐禅の世界は無限に広い。一回の坐禅をおろそかにしてはいけない。真剣に一坐一坐を坐りきることが大切だ」という。

この道場に「如救頭燃」（頭燃《ずねん》を救《すく》うが如《ごと》く）の額がかかっている。これは平井富雄『禅と精神医学』の巻末にある蛍山禅士《けいざん》「坐禅用心記」のなかの言葉である。「心意識を放捨し、念想観を休息して、作仏《さぶつ》を図ること忽《なか》れ。光陰を護惜《ごしやく》して頭燃《ずねん》を救うが如くせよ。如《にょ》来《らい》の端坐。少林面壁、打成《たじょう》一片にして都《すべ》て他事なし」と。

このことは言うは易く行うは難しだ。ちょっと油断するとごちゃごちゃしたことが頭の中を駆けめぐる。このときムーっと下腹部に力を入れて瞑想すると「念想観」はすーと消えてゆく。しかし、しばらくするとまた現れる。消す術を知っているとはいえこうしたことの繰り返しだ。これではまだまだ未熟である。

## 8　岡田式静坐法との出会い

岡田式静坐法は臍下《せいか》丹田《たんでん》を静坐法の基礎にした瞑想法である。『岡田虎二郎先生語録』から引用する。

「丹田が神性《しんせい》の殿堂である。殿堂ができて、神性が伸び、ほんとうの人間ができるのである。」

「丹田息は丹田修養の入り口であり、静坐の根底である。」

「何をするのも丹田の力です。歩くのも、本をよむのも、仕事をするのも、字をかくのも。おとうふを切るのもお腹の力で切ったといった奥さんがありました。」

私はこの岡田式静坐法を現代に伝え指導していた柳田誠二郎《やなぎだせいじろう》氏と東京静坐会でお会いした。氏はもう白寿を越えていた。一時間静坐を行ったあと質問となった。さっそく私は静坐と坐禅の違いがあるのか、あればどういうところなのかを質問した。

まず姿勢について。静坐法は「鳩尾《みぞおち》をおとす」ということである。胸元をゆるめゆったりした姿勢にする。そして、「坐禅には公案というものがあるでしょう。しかし岡田先生は、宇宙万物ことごとく公案でないものはないといわれた」。そして「不思量底を思量する。これは非思量である。非思量のことがわかるか?」と問われた。

それに私は大きくうなずいた。それでも非思量とは何か、とさらに問い詰めてきた。私は端然と静坐のポーズをとりしばらくして静かに目を開け柳田氏と見交わした。一瞬温かい眼差しが返ってきた。非思量、それはすべての概念的思考を捨て去ること、大脳皮質のはたらきを止めること、ただ静坐のなかに住することである。

さらに追い打ち的に、「無為《むい》の国に静坐する、これが岡田式静坐法の根本です」と言われた。

坐禅は体力と気力による戦いということもできる。煩悩の魔群との壮絶な戦いである。この戦いの武器は臍下丹田にある。

一九八〇年代に中国気功が日本に伝搬された。私はそれを学ぶことによって、白隠禅師の『夜船閑話《やせんかんな》』序文にある「大凡《おおよそ》生を養い長寿を保つの要、形を錬るにしかず。形を錬るの要、神気をして丹田気海の間に凝《こ》らしむるにあり……云々」ということの真実の意味を尋ねる作業と一体となって坐禅修行を続けてきたが、いまは臍下丹田の働きをはっきり知ることができている。

臍下丹田は臓器のようなものではない。空気でもない。しかし下腹部に内気が充満するとき全身の気力が旺盛になることがわかる。リラックスした姿勢をとり呼吸を整えて、ウームと力をこめるようにすると下腹部が充実してくる。そして下腹部に暖気が生まれる。それを静かに見守っていると全身へと広がってくるのである。そして心は定まってくる。雑念はない。見えるものすべては鮮明である。

円覚寺の方丈の老樹は黒々と立ち、入り口や階段の様子、隣の動静も夜目にも手に取るようにわかる。全方位集中。これを支えているものが臍下丹田の力である。この臍下丹田の妙用を体得することが気功・丹法（内丹術）の奥義を知る基礎である。

## 9　おのれこそおのれのよるべ

『法句経《ほっくきょう》』一六〇番に、

「おのれこそ　おのれのよるべ
おのれを措《お》きて　誰によるべぞ
よくととのえし　おのれこそ
まことえがたき　よるべをぞ獲《え》ん」

とある。坐禅修行に入って一年余、『法句経』（友松圓諦《えんたい》訳、講談社学術文庫）のこの一文にであった。その頃は仕事をしながら谷中の全生庵に通っており、私の坐禅修行は初歩的な段階であった。

しかしこの一文に出会ったとき電撃を受けたかのように全身を貫いてこの言葉が飛び跳ねたのである。なぜなら釈尊がこういう教えを説いていたのだということに非常な興奮をおぼえた。

それまで坐禅修行は指導者について行わなければならないものであるというようになんとなく思っていた。しかし指導者との縁が生まれなければどうしようもない。私のようにひとりで仏道・坐禅修行をはじめたものにとっては指導者を得ることはほとんど不可能だと思っていた。実際私はお寺の僧侶になる予定ではないし、特別そうした縁があるわけではなかった。

現代は出版文化によって知識をえることが普通である。そのため釈尊の伝承された言葉をこうして知ることができる。しかし釈尊という指導者が現世にいるわけではない。しかも大乗仏教、宗派仏教という日本仏教界の現実をみれば、釈尊自身の教えを知るのはこうした本を通じてしか一般には知ることが出来ない。

ある日、訳者の友松圓諦が住職をしたという神田寺を訪問した。なにか一抹の手がかりでも得られるのならという淡い期待を持って。しかしこうした期待は見当外れに終わった。白隠禅師坐禅和讃《はくいんぜんじざぜんわさん》にもあるように仏法は、「衆生《しゅじょう》近きを知らずして遠く求むるはかなさよ」である。このことはよくわかっていてもどこかに良い指導者があればいいな、という気持が生まれるのも致し方がない。

そんな思いがあった未熟な私にとってこの一文は真実に強烈な印象を与えた。そして、そうか、釈尊自身一人で修行をし独自に覚醒した仏陀《ぶっだ》である。指導者によって育成されたわけではないということを新鮮な気持ちで知ることになった。そして本来仏法はおのれ自身に実現されるものであって、他人によって教えられるような事柄ではないという真理を直感した。仏法とおのれとが直接絶対的に対峙する。仏道というのはそれがすべてなのではないかという思いに至った。

そこでこの『法句経』のその他の詩句を読んでみると、

「ひと若《も》し心つつましき善を行ずる賢者《もの》を友に得ずば
克ち得たる領土《くに》を棄つる王のごとくひとり行くべし
かの林中の象のごとくひとり行くべし」(三二九番)

「おろかなる者と往くなかれ
ただひとり往くこそよけれ
ただひとり行くともあしきをばなさざるべし
かの林中の象のごとく求むること少なかるべし」（三三〇番）

と釈尊は説いていたのである。

「いまここに坐っているおのれは何ものなのか」と円覚寺の足立老師は説法した。坐禅に慣れてきた頃の法話である。調身、調息、調心についてひととおり出来てきた。とくに坐禅の時には坐り方を点検し、呼吸法にも重点をおいた。臍下丹田に意念を集中したり、腰が崩れないように調整する。全身どこにも力みがない。バランスがとれ重さを感じない。重力を無化する感じである。坐っているという感じもしない。このバランスがとれると首から下へ、臍下丹田から掌へと内気が動いてゆくのを感じる。この形と内気の動きとの微妙な調整が達成されると坐禅三昧のなかに入ってしまう。

この時の足立老師説法は『無門関』の第二十五則「三坐説法」であった。

そこで言われたことは、「自己とはなんぞや。なぜいまここに坐っているのか」このことを問えという。そして「いのちとは何かを徹見せよ」という。

これらは大きいテーマである。すぐ答えることはもちろん容易にはできない。自己という実体はない。これは少し考えればわかることだ。一方「自我」ということがある。むしろ近代思想は自我の確立を中心にしたものである。それはキリスト教の奴隷となっていた時代からの脱却、ルネッサンスの中で確立してきた。それは戦後の日本の思想や教育においても積極的に採用されたものである。

しかし釈尊はいう「自我」を棄てよと。ここに世間法と仏法には大きい隔たりがある。現代は世間的教育や情報が氾濫し、そこに自我の要求は日々繰り返されている。これに対し仏法は無我の教えを説く。

「もろもろの欲楽を去り一物をも有《も》つことなく
多くの煩悩《ぼんのう》より己を浄くすべきなり
智あるものここに妙楽を味わわん」（八八番）

「すべての法はわがものにはあらず

とかくのごとく智慧もて知らば
彼はその苦しみを厭《いと》うべし
これ清浄に入るの道なり」（二七九番）

世間は「我（欲）」によって成り立っている。現代社会はそのように日々の積み重ねをしている。そこから貧富の差や戦争、差別等総てが生まれ出てくる。こうした現世に対してそうではない道を歩めと釈尊は説く。それも自己犠牲的な努力を要請するのではない。その仏道を実践しながら「清浄に入るの道」、楽しく「和楽の人生」を送ってゆけという。享楽ではない。自己犠牲的でもない。「中道」を歩めと言う。

世間は汚濁の沼である。そこに住んでいれば当然われわれの身心はおのずから汚れてくる。それに対して蓮華の如く自ら清らかな歩みを実践することである。その方法は自己を浄化するという実践を土台にした仏法に他ならない。

# 第二章　坐禅と気功の双修へ

## 1　『夜船閑話』との出会い

坐禅に深く親しんでいった頃、白隠禅師《はくいんぜんじ》の著作に『夜船閑話《やせんかんな》』（白隠禅師七十三歳（一七五七年）のとき脱稿、出版された。）があることを知った。この白隠晩年の作品についての解説本は多い。そしてその解説内容のほとんどすべて、禅病対策や健康法について述べたものであった。しかも白幽仙人《はくゆうせんにん》なるものが登場しているので、それは実在する人物なのかどうかという関心もあり、全体にフィクション仕立てとなって面白く読むことができる。

しかし果たしてこの『夜船閑話』の内容は健康法のようなポピュラーな内容なのであろうか？　この著作は白隠禅師が晩年にわざわざ書いて出版したものである。それが単に「禅病対策」の健康法を説いたものにすぎないと捉《とら》えることにはどうも抵抗がある。

実際読み返してみるとそう簡単に理解できる内容ではないことが書き込まれている。その用語の理解すら容易ではない。『夜船閑話』序文に次のような一文がある。

「大凡《おおよそ》生を養ひ長寿を保つの要、形を錬《ね》るにしかず。形を錬るの要、神気《しんき》をして丹田《たんでん》気海《きかい》の間に凝《こ》らしむるにあり。神凝るときは気聚《あつま》る。気聚る時は即ち真丹《しんたん》成る。丹成る則《とき》は形固し。形固きときは神全し。神全きときは寿《いのち》ながし。是仙人九転還丹《くてんげんたん》の秘訣に契《かな》へり。須《すべから》く知るべし、丹は果して外物に非《あら》ざる事を。千万ただ心火を降下し、気《き》海丹田《かいたんでん》の間に充たしむるに有るらくのみ。住菴《じゅうあん》の諸子此心要を勤めてはげみ、進んで怠らずんば、禅病を治し労疲を救ふのみにあらず、禅門向上の事に到《いたっ》て年来疑《ぎ》団《だん》あらむ人々は、大に手を拍して大笑する底の大歓喜有らむ。何が故ぞ、月高くして城影尽く」（伊豆山格堂《いずやまかくどう》著『夜船閑話』）

いったいこの意味はどういうことなのだろうか？　何度読んでもさっぱりわからない。「丹」とか「神」とか「仙人九転還丹《くてんげんたん》の秘訣」とか、「気海丹田《きかいたんでん》」とは何か？　気を集めるということはどういうことなのか？

しかもこの内観法を体得すれば、坐禅修行も向上し、長年の公案もその解答を見つけ出すことができるようになるというのである。その理由は、満月が空中高く登り、もはや城影が無くなってしまったような身心状態になってしまうからであると述べている。

この夜船閑話の一文に出会ってからは、これが白隠禅師から私に与えられた「公案」のようになってしまった。

その後いろいろな人に尋ねてみたり種々注釈書を読んだりしたのであるが、ここの箇所の有力な注釈は一つもないということがわかった。

その中でも伊豆山格堂が著した注釈書はもっとも丁寧なものであった。しかしこの部分の記述は逐語的に読み下しているのみである。そして、全体的に健康法（養生法）を紹介したものという解釈であった。ただそこにこの一文は「宋の道士白玉蟾《はくぎょくせん》」の「生を養うの要は先ず形を錬るに若くはなし……形固ければ神全し」の言葉によるものであると書かれていた。そしてこの言葉は白隠禅師の『遠羅天釜《おらてがま》』などにも紹介されているということを知った。

他方、道教方面の本を調べてみても、白玉蟾という道士が実在していたことが書かれているが、内容ある紹介には一つも出会うことがなかった。

## 2　気功と太極拳の修練に励む

『夜船閑話』のこの一文に疑問を持っていても、その解答を得る方法がまったく分からない。「気」とか「丹田」と言われても何のことなのか？

そんな中で出版社を経営していた時に知り合った指圧の先生、水岡道三氏との交流を深めていた。水岡道三氏は浪越徳次郎と共に戦後の指圧業界を牽引していたといってもよい指圧師であった。水岡道三氏とは不思議に気が合うという関係であった。私の青年期の過激な行動にも深い理解を持ってくれた。お会いして話をすると若々しい会話がいつまでも続くというようなことがあった。

そのようなことから私も一時指圧の勉強をしたこともあった。その中で「気」や「経《けい》絡《らく》」、「丹《たん》田《でん》」ということが「導《どう》引《いん》」ということと関係があることを知った。

一九八〇年代半ば中国に気功が盛んとなりその影響もあって、日本でも〝気功ブーム〟が起こってきた。そしてこの「気功」ということは「導引」ということと同様のことを意味していると知った。

そこで坐禅を続けながら気功も学ぶことを決め、中国の伝統気功の一種である無極静功を知った。この流派の創始者は呂継唐《ろけいとう》老師、日本での指導者は薛永斌《せつえいひん》氏であった。一九八九年教室に参加した。仕事の合間に学ぶとはいえ坐禅道場に参加する時の気持ちと同様に真剣に学んでいった。

この教室は太極拳が中心であったが気功や静坐法についても非常に重視した修錬内容であった。また太極拳も健康が目的ではあったが套路《とうろ》〔太極拳での十三式や二十四式等、一連の修練方法のこと。〕の練習のみではなく、推手《すいしゅ》〔相手と手掌を接触させて対戦的に修練する方法。〕の練習もあり武術的要素の豊富な修練であった。

とくに私は無極静功の静坐法に関心が深くなり、静功の本質を会得する方向に修練を深めていった。理論的には呂継唐著『静功養生的理和法』を入手した。この本は気功についての理論的専門書である。特に静坐法に関心があったこともあり、「形・気・意」の相互の関連について、中でも気と意（識）についての論究は高度なものであるが、学ぶところは大きいものがあった。修練上、「意守丹田《いしゅたんでん》」ということにいつも注意しながら学んだ。そして二〇〇〇年に独立した。

## 3　『玄関顕秘論』を知る

独立した頃、東京神田にある内山書店に入った。そこで中国気功学術文献をパラパラ立ち読みしていたところ、パッと「白玉蟾《はくぎょくせん》」という名前を見つけた。そこに白玉蟾の本名は葛長庚《かっちょうこう》といい、一一九四年生まれ、没年不詳、道教南宗煉養派〔第九章に詳述。〕の五祖となっている。私はやや興奮気味にその中国文に目を走らせた。すると「今修此理者、不若先煉形、煉形之妙、在乎凝神、神凝則気聚、気聚則丹成、丹成則形固、形固則神全」と書かれていた。

これが真実『夜船閑話』の一文と同じものであるのか確認をしなければならない。即座にその本を買い読み直してみると、その一文の出典は「玄関顕秘論《げんかんけんぴろん》」であると銘記されていた。そしてこの「玄関顕秘論」の原文を探すため国会図書館へ。そこで『宋白眞人玉蟾全集』〔中華民国六十五年初版、著作人・宋瓊山白玉蟾、輯印発行者・宋白眞人玉蟾全集輯印委員会〕を手にすることができた。

そしてこの白玉蟾は単なる道士ではなく道教南宗煉養派を代表する傑物であり、紫清真《しせいしん》人《にん》〔道教における「目覚めた人」「悟った人」のこと。〕と尊称されている人物であった。そして丹法は従来秘密にされ口伝として師資相承《ししそうじょう》されていたものであったが、白玉蟾はそれを改めできるだけ理論的に書き残すということに挑戦した希有な天才的人物なのであった。そしてこの「玄関顕秘論」は丹法を分かりやすくまとめた数少ない論文のひとつなのであった。（以上の「玄関顕秘論」との出会いの経緯については仏教専門誌『大法輪』二〇〇一年一〇月号に掲載。）

## 4　気功と坐禅観法について

太極拳は気功を応用した武術である。そこでまず気功の「形・気・意」について基本的なことを略述する。

「形」というのは一般的に身体のことである。それを練功上では形を整える、調身という。全体に円形となる要領で身体を調えることである。柔軟な姿勢をとって自由に体が動くように練功する。練功内容は流派によって様々であり数えきれないぐらいある。内気が通りよくなるように柔軟な形に調え、動作がスムーズに行えるようにする。ポイントはのびのびとした形となるようにする。縮こまらないように。内気が順調に全身に、表面のみならず血管、臓器、神経、細胞、遺伝子にいたるまで浸潤してゆくようにする。この形ができてくると気の流れが実感できるようになる。

「気」と「意」との関係はつかず離れずということ。明滅する燈火のような気の動きと付き合ってゆくことである。そして練功が進んでくると意（識）を用いて気を動かすことが出来るようになる。初心者の間はこの意によって気を動かそうとすると偏差《へんさ》を生むことが多い。意念が強すぎるからである。私も失敗した経験がある。熱心なあまり意念を使って内気を動かそうということを無意識のうちに行ってしまう。

それを続けていたある日、夢の中で私の舌が伸び出てくるようになってしまった。それをどうしても自分の意志で止めることができない。夢中のため、麻痺した状態でなすすべもないままであった。夢が覚めるようにはっと気がついたとき舌は収まってしまった。

これは練功の未熟な段階で意識を用いすぎたことから起こる偏差である。ただこうした偏差を経験することは練功上おうおうにしてあることで、これはそれなりに練功のレベルが上がってきたことも意味する。ここで練功することを恐れることなく続けてゆけば上級者のレベルへと到達する。この場合指導者の適切なアドバイスがなければならない。私も薛先生に指導を受けていたからこそ練功の正しい方向へと導かれて首尾よくこの偏差を突破することができた。

意は意識のこと、心の作用である。この意を修練することを入静《にゅうせい》という。入静は私が気功に魅力を感じ学ぶことを決めた動機でもある。この入静を修練することが通常の五官の働きを超出する身心鍛錬法であるということに関心を持った。これは坐禅にも通じてゆく意（こころ）の修練であると直感した。

入静とは瞑想法のことである。坐禅修行と本質的に同様のことであるが、気功では意と気の関係を修練する。気功の意の状態は通常の意識状態とは違っている。普通の意識から一歩深い意識状態、深層意識へと深まって行く。そこに入って行くと深層から意識の変動がもたらされてくる。意識していることもない状態へとはいってゆく。こうして意識と気との相互の関連を修練するのである。気は常に動いている。それと共に意識も変化流動して止まるということはない。その自然に流動している内気をその意識をもってコントロールする。そういう意識ができるようになる。これはセルフ・コントロールへと進んで行く。

セルフ・コントロール。これこそが気功そして坐禅修行の到達目標である。そしてこのセルフ・コントロールこそ釈尊の教えの中心にあると言える。釈尊の説法を集めた『法句経』一六〇番「おのれこそ　おのれのよるべ　おのれを措《お》きて　誰によるべぞ　よくととのえし　おのれにこそ　まことえがたき　よるべをぞ獲《え》ん」と説いているが、このことの実現は意と気のコントロールと同工異曲なのである。

それでは気功を坐禅と代替することができるのだろうか？　逆に坐禅を修練していれば気功の必要はないのであろうか？　このテーマに対して実は白隠禅師自身が解答を示してくれている。『遠羅天釜《おらてがま》』の中で「兵法にも亦《また》言わずや。且戦且耕《かつたたかいかつやしなう》。是万全之良策也《こればんぜんのりょうさくなり》と。（坐禅の）参学もまた爾《しか》り、（坐禅による）工夫は且戦の真修、内観は且耕の至要（なり）、鳥の双翼《そうよく》の如く、車の両輪の如し」と説いている。

坐禅修行は幾万の煩悩との戦争である。坐禅による正念工夫は気力、体力を激しく使い果してしまう。初心の内はこの工夫を過度に過ぎることや誤った方法をすれば気力体力を失い禅病にも罹ってしまう恐れがある。そこで気力・体力を養う養生法として「内観」の法がある。そしてこの内観法こそ実は気功・丹法の一種なのである。

内観法を学ぶことは坐禅修練の目的と同じように意（こころ）の修練も行う。従って坐禅観法と内観法は矛盾することがない。かえって「鳥の双翼の如く、車の両輪の如」く相乗的に効果を発揮し瞑想修行の真髄、仏法の真理にも到達することができる。

# 第三章　心の修行からいのちの教えへ

## 1　仏法は仏陀となるための方法

仏陀《ぶっだ》（Buddha）は目覚めた人、真人《しんにん》のことである。生死を解脱し涅槃《ねはん》の中に生きることができるようになった完全に自由なる人のことである。そしてこのブッダとなるためには坐禅（瞑想法）が必要不可欠である。坐禅に熟達することによって釈尊の教えをすべて獲得することができるのである。坐禅こそ仏教の必要にして十分条件なのである。これ以外の難しい「仏教学」や「経典解釈学」や「地位・名誉・財産」などは不要なのである。

一方、瞑想法は洋の東西を問わず様々な方法が開発されてきた。祈りや念仏、踊り、マントラ（真言）、坐禅、唱題、密教〔大乗仏教の発展の中から、七世紀の「大日経」「金剛頂経」の成立を通して発展した。〕の三密《さんみつ》〔「身（印）・口（真言）・意（三昧）」を三密とする。〕加持《かじ》〔仏と修行者が一体となること。〕、気功の入静等。これらの瞑想法はそれぞれの瞑想の目的と方法、レベルによってその作用が異なっている。そしてまた瞑想法によって人格の変容をも促してゆくことができるのである。この瞑想法を正しい方向に導いて人格的変容を実現し仏陀となることを釈尊は説いたのである。

その瞑想修業を達成するためにはまず道徳的に、悪を為さず善を行って倦《う》むことがないということでなければならない。「七仏通戒偈《ひちぶつつうかいげ》」にある「諸悪莫作《しょあくまくさ》、衆善奉行《しゅぜんぶぎょう》、自浄其《じじょうご》意《い》、是諸仏教《ぜしょぶつきょう》（悪いことはするな、善行を積むこと、そして自ら意《こころ》を浄化すること、これが諸仏の教え）」である。倫理道徳を正しくすることは仏道修行の前提である。

前提とするといっても、この悪を為《な》さず善を行って倦《う》むことがない、ということを日常実践することは容易なことではない。世間の毀誉褒貶《きよほうへん》、地位・名誉・財産にとらわれて生きているわれわれ凡夫にあって、この倫理道徳を実行して生きること自体いかに難しいことか……。

孔子《こうし》は現実的政治的に人間を観察した。その凝視のなかから倫理道徳のある生活を通じて聖人の境涯へと導くことを目標とした。これは現実主義的人間観に基づいた教えである。例えば江戸幕藩体制を構築するという現実政治に直面した徳川家康は、その中軸的指導原理としては仏教をとらず儒教を採用した。これは戦国時代、戦闘を仕事としていた粗野な武士たちを急速に教育し幕藩体制の支柱とするためには、強権的に鋳型にはめ込んで人材を創出するという方法を採用しなければならなかったからである。

これに対して仏教は外部的強制ではなく、あくまで自己鍛錬を通じて人格的向上、完成を目指す方法と教えなのである。

伝統仏教に四諦八正道《したいはっしょうどう》の教えがある。四諦は「苦《く》・集《じゅう》・滅《めつ》・道《どう》」である。ここで注意しなければならないことは「苦」についてである。生老病死という「四苦」に偏った教えを説いたことについてである。

これまでの人類の歴史は苦しみに埋もれてしまうほどの困苦を伴ってきている。釈尊の時代も当然苦しみの時代である。釈尊はこの苦しみを凝視し、この苦しみは自己の生死それ自体がもたらしている内面的実存的苦であり、誰しも避けて通ることができない。従ってその苦しみを直視し、そこから解脱するためには坐禅修行することが必要不可欠であると説いた。その苦の根本原因は煩悩にある。煩悩という大病を退治するための教えが仏教である。そして同時にその煩悩を滅する修行が同時に涅槃に至る修行となり仏陀となる方法であるという逆転した道筋を発見しそれを教えとしたところに深い意味がある。

しかし他方こうした瞑想修行は、「苦」を通じた教えと共に「楽」を元とした教えも当然成立するわけである。「楽」を「快」といってもよいだろう。「快楽」というと卑俗化してしまって誤解を受けやすいことになるが。言い換えれば「苦」をもととした教えに対し、「楽」をもととした教えが成立するということである。苦と楽は表裏の関係にある。理解しやすいように端的な例を言えば、貝原益軒の『養生訓』である。この『養生訓』を読めばはっきりしているように養生法を学ぶことは修養するということ、瞑想の修練をすることが必要不可欠なのである。益軒はこの著作の中で人格的陶冶を経ないで健康人になることは不可能であるということを説いている。

元来釈尊の教えは「涅槃寂静《ねはんじゃくじょう》」に至るための教えである。つまり「楽」、この苦界にあって「和楽の人生」、人生の醍醐《だいご》味を味わう生活を送ることができるようになるための方法と教えなのである。「法句経」から引用すれば、四諦八正道は無上の「安穏の依りどころ」であり、「ここに帰依するものこそすべてのくるしみをのがるべし」と説いている（引用は友松圓諦訳『法句経』一九一番、一九二番による）。要するに生死の苦しみを解脱して「和楽の人生」を送るためには四諦八正道の修養が必要であると説いたのである。

さらに仏教の大綱「三法印《さんぼういん》（諸行無常・諸法無我・涅槃寂静）」に即《そく》して述べれば、「涅槃《ねはん》寂静《じゃくじょう》」に至るためには、「諸行無常《しょぎょうむじょう》」という人生観・世界観を正しく理解することが前提である。この釈尊の認識は現代科学の知識と完全に合致する認識である。古代のインドにおいては、固定的な絶対的宇宙原理（ブラフマン）にもとづくアートマン思想が支配的であったが、この思想を完全に否定し、すべての存在に固定的実体（アートマン）は存在しない、存在すべては流動変化して止まるところはないという哲学的世界観を新しい教えとして史上はじめて説いたのが釈尊である。仏教は新しい真理を説く新興宗教なのであった。まさしく釈尊は新進気鋭の思想家でもあった。

欧米では近代のルネッサンスを経たとはいえ、今日でもキリスト教的な「造物主」の教えが支配的影響力を持っているという実態をみるとき、この釈尊の教えは傑出した思想なのである。

他方修養することを通して「諸法無我《しょほうむが》」を体得しなければならない。無我とは無自性、総ての存在にはその実体は無いことをおのれの実践を通じて体得しなければならない。そして我欲を否定する生き方、その実践方法を釈尊は説いたのである。

現代人は自我や我欲は普通のこととして生きている。「われ思う、ゆえにわれあり」という「われ＝自我」を中心としたデカルト以来の近代思想が現代人の常識となっている。戦後日本の公教育もこの自我を確立することが原点となっている。

たしかにキリスト教的中世の世界観を否定したルネッサンスという意味では、人間主義・自我主義も歴史的役割を持っていた。そしてこの我欲の頂点の思想が資本主義である。個人財産（私利）を原理とした資本主義経済思想が先進国の支柱となっている。

しかしながら自我主義から利己主義へという現代の思想状況やキリスト教とイスラム教の宗教対立による戦争、近年では「東日本大震災と原発事故」の現実をみるとき、自我主義・利己主義の原理が今後も人間・地球・宇宙世界の幸福をもたらすものとはとうてい言えない。

この自我の原理に対して、釈尊が説いた教えは無我の思想、我欲を否定する思想である。この無我の思想に対し、生きてゆくこと自体が欲望ではないのかという異論を唱える人もいる。この異論にとりあえず答えれば、仏教では「自然法爾《じねんほうに》」を説いた。仏法に従って自然に生きることが幸福をもたらすという教えである。従って必要とあらば財物や肉体をも提供することに何等の痛痒《つうよう》を感じない。布施《ふせ》の思想である。「私有財産」は認めない、これが仏教である。釈尊は一所不住の生活、遊行の生活を終生としたのである。

無我の実践。これが仏教の本来の教えである。現在の日本仏教界は、幕藩体制によって確立した檀家《だんか》制度による「葬式仏教」が主流である。檀家の寺院を継承することが僧侶の仕事となっている。このことは「稼業」として成立することができたとしても、釈尊の教えとはなんの関係もない。むしろそれは釈尊の無我の教えに違背した所業なのである。

## 2 大乗仏教の展開と親鸞の教え

日本に本格的に大乗仏教を導入したのは聖徳太子《しょうとくたいし》である。太子は「世間虚仮《せけんこけ》 唯仏是真《ゆいぶつぜしん》」とひたすら仏陀（釈尊）に帰依した。法華経の註釈をはじめとして旺盛な大乗経典の研究をし、厚く三宝を敬っていた。「十七条憲法」において仏教を国家体制の思想的支柱に定めた。日本はまさしく仏教を建国の精神的支柱としたのである。

南都六宗（律・成実・倶舎・三論・法相・華厳）、これらは仏教の学問的研究集団である。

平安時代、空海《くうかい》と最澄《さいちょう》。このときすでに真言密教を導入した。

鎌倉仏教の時代。新興宗派仏教の展開。この延長に今日の日本仏教界が存在するといってよい。

江戸時代。仏教は幕藩体制の下部組織（僧侶の登録制）・檀家制度として「葬式仏教」の体制を確立した。

これらの宗派仏教の興隆と明治維新時の廃仏毀釈《はいぶつきしゃく》のなかから、明治後期の「釈尊にかえれ」という原始仏教の研究を主とする仏教改革運動が起こってきた。

さてここでは、親鸞《しんらん》に焦点を絞って考察しておく。なんといっても「親鸞教」の支持者が日本仏教界の最大勢力を形成しているからである。しかも法然《ほうねん》、親鸞がいうような「一文不知《いちもんふち》の徒《やから》」ということではなく、学問知識に長じた人々のなかにも多くの親鸞信徒が多い。こういう現象はいったいどういうことなのか。

南無阿弥陀仏《なむあみだぶつ》、これを思念し唱える生活をすることが仏教であるという。阿弥陀仏は尽《じん》十方無碍光如来《じっぽうむげこうにょらい》のことである。不可思議なる大光明のことである。言葉の意味からは大日如来と変わることがない。要は釈尊という人格仏を超え出て永遠なる光明に帰依することを唱えることである。そして口唱念仏を宗旨とした。

私も折りにふれて念仏する。私の場合「南無如来遍照光明《なむにょらいへんしょうこうみょう》」と唱える。同時に場合に応じて「南無釈迦牟尼仏《なむしゃかむにぶつ》」や「南無阿弥陀仏」も唱える。「南無阿弥陀仏」は自然にというか、身を収めるときに用いる。積極的に活動する場合には「南無如来遍照光明《なむにょらいへんしょうこうみょう》」と唱える。ここにはなんの違和感も発生しない。それこそ自然法爾なるものである。般若心経《はんにゃしんぎょう》を無心に唱えることもある。それも自然になされる。黙念する場合が多い。このように私の念仏は禅法、すなわち瞑想法の一種＝念仏の禅法なのである。

ところが浄土教系においては、「現世成仏」は凡夫にはなしえないため「来世成仏」するためにこのように唱えるのだということを宗旨として口唱念仏を説いている。ここには涅槃・現世成仏を彼岸化し、念仏がもつ瞑想法としての現身的価値を否定するという大きな過ちを犯してしまったのである。

しかし考えればすぐわかることであるが、釈尊は死後の教えなどはいっさい説かなかった。死んでからのことなどは「無記」として答えようとはしなかったのである。これは当然の対応である。ところが現在の親鸞の信徒達はこの自明のことを無視してしまう。

しかしながら戦後の親鸞研究の結果、この来世往生を宗旨とした念仏は、自然法爾《じねんほうに》〔人為・作為を加えることなく、すべての存在は自ら真理にかなっていること。〕の境地に到達させるための方便にすぎないということが史料的に暴露されてしまった。『末燈鈔《まっとうしょう》』に記載されているのは、「信心《しんじん》を得ることは、釈迦・弥陀・十方諸仏の御方便よりたまはりたるとしるべし」（玉城康四郎《たまきこうしろう》『仏教の根底にあるもの』文庫版、一二〇頁参照）ということであり、「〈弥陀仏〉というは、〈自然《じねん》〉の様を知らせん料《りょう》なり」（秋月龍珉《あきづきりょうみん》『誤解された仏教』文庫版、一七五頁参照）ということである。続けて「親鸞もここではっきり釈尊の『覚』の立場に帰った」。親鸞はみずからの信心を賭けて仏教の真実を探求した。そして苦節八十年、その晩年に至って口唱念仏の真意は現世成仏、「自然法爾」のための方便であるというところに到達していたのである。

## 3　いのちの教え

### 仏法は思想信条を超越する

仏教は仏陀（真人）となるための教えである。それは同時に思想的には完全に自由なのである。逆説的であるが一個の思想に拘泥《こうでい》するようでは仏陀たりえない。無我という教えをしっかり受け止めれば、自然に一個の思想に捕われることにはならない。

原始経典から引用する。

「七九〇　（真の）バラモンは、（正しい道の）ほかには、見解・伝承の学問・戒律・道徳・思想のうちのどれによっても清らかになるとは説かない。かれは禍福に汚されることなく、自我を捨て、この世において（禍福の因を）つくることがない」（中村元訳『ブッダのことば』岩波文庫、一七八頁）

ここにいう「バラモン」とは、「修行を完成した人、理想的な修行者のこと」であると注記されている。

「七八九　もしも人が見解によって清らかになり得るのであるならば、あるいはまた人が智識によって苦しみを捨て得るのであるならば、それでは煩悩にとらわれている人が（正しい道以外の）他の方法によっても清められることになるであろう。このように語る人を〝偏見ある人〟と呼ぶ」（前掲書、一七八頁）

「八〇〇　かれは、すでに得た（見解）［先入見］を捨て去って執着することなく、学識に関しても特に依拠することをしない。人々は（種々異った見解に）分れているが、かれは実に党派に盲従せず、いかなる見解をもそのまま信ずることがない」（前掲書、一八〇頁）

釈尊は自ら教えを説いたとき、既存のバラモンの用語や教えを自在に用いたのである。このことは今日的にも有効である。繰り返しになるが、仏陀となるためには瞑想法に熟達することである。そしてそれ以外の思想や道徳、科学思想等にこだわることをしてはならないと釈尊は説いているのである。自然法爾。仏法に従って自由自在に現世を生活してゆくことができるようになることが仏教の奥義なのである。

## 心の教えからいのちの教えへ

次章に詳しく解説するが「白隠内観法」の真実は丹法の一種なのである。そして丹法は気功の奥義である。気功は気という宇宙生命力（生命エネルギー）をコントロールするための身心の技法を集大成したもので、大別して呼吸法、導引、そして練丹（丹法）がある。

仏教の一派として真言密教がある。空海が仏教にめざめた平安時代には、インド、中国、チベット、東南アジアなどアジア全域にわたって密教が全盛期を迎えていた。天才空海も当然、唐に渡る以前に儒教、道教、仏教のこと、さらに密教のことを十分知識を持っていたという研究報告がなされている。そして唐に渡った空海に大阿闍梨恵果《だいあじゃりけいか》はインド伝来の密教をすべて直伝したのである。空海はそれをもとに実践的理論的に密教経典を集成して真言密教を確立した。

真言密教は「いのちの宗教」のひとつということができる。森羅万象を生成している根源的エネルギーである宇宙生命力を宗旨の根本において仏教として確立したものが真言密教である。

日本仏教の歴史上からは鎌倉仏教を中心に展開しているため、真言密教は祈禱宗教や鎮護国家の宗教というように考えられている。また「立川流」の堕落した流派が生まれたこともあって密教を正しく理解するには障害が大きかった。しかし今日的にはチベット密教のダライ・ラマ十四世やブータン国王等の国際的活躍や日本における真言密教の学問的研究も深められ、密教についての正しい理解が進んできた。

さて、ここではこの真言密教の教説のポイントを、気功の観点からとらえなおしておきたい。

一般的に仏教は心の宗教というふうに考えられている。テレビ番組にも「こころの時代」というのがあるが、その登場者の多くは仏教関係者である。さかのぼって禅宗の方面では「即心是仏《そくしんぜぶつ》」というのが常識となっている。

身体に対して精神と二元論的に考えるのは西洋思想である。これに対し「身心一如《しんしんいちにょ》」ととらえるのが仏教である。この意味では当然にも仏教思想の方に一段の思想的優位性がある。そして心の修養法という方向で坐禅の修行が勧められている。

日本では特に武士階級が坐禅愛好者となった。その延長に明治維新を経て今日まで知識文化人のあいだに坐禅愛好者が多い。

一方密教は、「いのちの宗教」を標榜している。密教は森羅万象を生み出している根源的生命力を宗旨の基礎としている。ここには「色即是空《しきそくぜくう》」のみならず「空即是色《くうそくぜしき》」という方向、現実の生への回帰の方向性が含まれている。「真空妙有《しんくうみょうう》」である。さらに一歩進めて「真如縁起《しんにょえんぎ》」〔真如は一切の存在の真理の相（すがた）であり真理であること。真如縁起とは、一切の存在は真如が顕現したものであること。〕という真実在の方向に思想的展開をしたのが密教である。

このようないのちを宗旨とした宗教は密教のみではない。例えば神道系の黒住教《くろずみきょう》などはその一例となる。また宗教とは離れるが理論物理学の方面で、前世紀前半に量子論が登場し物質世界はエネルギーの束を原理とする学問へと進展してきている。

気功ではこの根源的生命力を真気、通称気と呼称する。この気功を修養法の中軸にして神仙と成るための実践的修行法を伝来してきた。老荘の哲学と合わせて気の思想的展開も試みられてきた。

そして他方、丹法を採用した白隠禅（内観法）は「いのちの仏教」という方向を事実上積極的に提唱したものなのである。

## 「即身成仏」の教えへ

私が仏教に入るきっかけは坐禅を体験したことにあった。その坐禅修行の要として「心法」をまなぶことに専心した。これはおのれの心を統一すること、静定を保つことによって心法の極意を知るという修行法である。釈尊も述べているがおのれの心は右往左往自由自在に動いてしまう。それは善悪を越えて染まっていってしまうのである。そのため悪をなさずという教えが現実的修養的価値を持ってくる。

そしてまた善悪は表裏の関係にある。善のみの世界ということは人間界にはありえない。世間は善悪が織りなす相対世界ということもできる。そのため仏教では中道の教えを説く。

自心を統一する、コントロールすること、その方法を伝授することが禅宗の主旨である。道元《どうげん》は「即心是仏」こそが釈尊伝来の教えであると説いている。「一心一切法、一切一心法」ということである。また臨済《りんざい》は「赤肉団上《しゃくにくだんじょう》に一無位《いちむい》の真人《しんにん》あり」と言い、坐禅修行を通じて生々たる真人を知ることを説いた。このように禅宗は心法を中心に学ぶ仏道ということができる。そして密教の中心にも心法が説かれ、般若心経は真言密教の重要経典となっている。

ところで真言密教の奥義は空海著『即身成仏義《そくしんじょうぶつぎ》』にあり、「三密加持《さんみつかじ》すれば速疾《そくしつ》に顕《あらわ》る」ということである。大日如来の身・口・意の秘密の教えは修行する行者の身・口・意として顕れ出るということである。加持は大日如来のこころと行者のこころとが感応し一体となり成仏するということである。

さて、この三密加持を気功の知識を媒介にして解釈しておこう。

「身」はこの身ということ。自己の身体のことである。この身体を修養するということである。身体は健康でなければならない。健康な身体を保持することである。

身体を修養する方法の要点は姿勢を正すことである。行住坐臥その姿勢＝形を正しい形にすることである。正しい形とは緊張することではなく、柔軟な姿勢を保持することである。坐禅では正身端坐《せいしんたんざ》ということである。気功ではリラックスし安定した姿勢を要求する。

普段の生活を振り返ってみれば、われわれは多くのストレスにさらされているため無意識のうちに緊張した身体になっている。それは身体内部にまで及んでゆくのである。こうした緊張を続けているとついには身体の方から悲鳴をあげる。それが疾病《しっぺい》となって現れ出てくるのである。病気になることは身体からの教えなのである。無理な生活、ストレス過多の生活をしていますよ、このまま続けてゆくと死に至ることにもなるという警告なのである。そういう意味ではむしろ病気には感謝しなければならない。

柔軟な姿勢にはいくつかのポイントがある。簡単に言えば、「気を付け」の姿勢は儀式で要求されることがあるがこれはムリな姿勢である。むしろ胸は張らないで鳩尾《みぞおち》を緩める(「落とす」)、肩の力を抜いて前後左右のバランスがとれたゆったりした姿勢にすることである。同様に手足や眼についてもいくつかのポイントがある。このような柔軟な姿勢にすると気の流通が臓器や細胞から遺伝子のレベルにいたるまでスムーズに促進されるのである。

「口」は言葉のこと。音声、発声、発音から言葉の用い方まで多方面の工夫が要求される。この方法を体得することである。真言密教徒の間で伝承されてきたものに声明《しょうみょう》があるが、これも密教の奥義に適った声の芸術である。

詩吟で吟じられる漢詩の中に空海の作品として紹介されている「三宝鳥《さんぼうちょう》(後夜仏法僧鳥を聞く)」という詩句がある。これは真言密教の奥義を簡潔に説いているので紹介しておこう。

閑林《かんりん》独坐す草堂の暁《あかつき》　三宝の声は一鳥に聞く

一鳥声有り人心有り　声心雲水倶《とも》に了了

「意」は心・意識の意味である。密教においても心法こそがもっとも重要な修練の秘訣となっている。本来密教は大日如来の身口意三密と行者の三業とが一体となって成仏するという修行法である。その秘密の教えを知るためには、心法の極意を体得しなければならない。

これは禅修行と同様のことになる。また気功にも心法は「用意の法」ということでもっとも重要な修練方法となっている。

仏は眼には見えない。通常の認識では知ることができない。そこでこの通常の意識状態を超えて深層意識・無意識の領域にまで心法の修行を深めてゆかなければならない。その意識の変容を達成する方法として、気功には様々の方法が伝承されてきた。そして密教の「三密加持」もそのための方法のひとつなのである。深層意識と言われる領域にまで修行を深化させてゆくことが即身成仏するために必要不可欠なのである。

釈尊の仏法も禅宗もそして真言密教も即身成仏の教えである。現世成仏、仏陀（真人）となること、そのための方法を説いたのである。

人は誰しも世間的毀誉褒貶、地位・名誉・財産の利益に埋もれた世俗を超え出てゆく方向性、すなわち真実の人生を求めてゆく志向を持つ可能性を持っている。そして人生の中途に自己の実存を賭けた根本的苦に直面し、その脱却を目指す。そしてその結果として生存競争に終始する人生の愚《おろ》かさに気づいてゆく。このことは教えがあろうとなかろうと様々な実存的契機によってそのような志向をもつようになる。この時正しい教えが示されればこれこそ無上の幸福ということができよう。

問題は世俗に汚染された人生は避けて通ることができないという現実にある。そこから真実の生へと転換してゆくことができるか否か、この問いに答え得ることがほんとうにできるのか、このことが宗教や政治、学問、芸術、スポーツ等に問われている至高のテーマであるといえよう。

## 南無如来遍照光明

ここは八ヶ岳山中である。ここへ来たのはひとり仏法の奥義を知るための修行が目的であった。仕事を抱えているため普通の日には来れない。そこで春の連休を利用したのである。

ある人はいう、坐禅はどこでもできるだろうと。たしかにただ坐禅するだけであれば誰でもどこでもできるだろう。ではそういう人に問うてみたい。いったい坐禅はなんのためにするのか？　心を静かに保つこと、これもよい目的であろう。しかしそれのみであれば寝転んでいる方がよほどマシである。事実気功の功法のひとつには寝転んで行う養生法がある。これは体力がない人にはすばらしい養生気功である。

坐禅・正身端坐することの目的はほかならず仏法を体得するためにこそある。

暗い内に起き出して身支度を整えて山荘をでた。辺りに人影はない。細い小道を上ってゆく。途中小川をわたるように小橋がある。それをこえてゆっくり登る。ようやく暗闇が薄らいできた。見ると突き出たところに岩がありそこから先は断崖になっている。下はおそらく川になっているのだろう。「谷神《こくしん》」という言葉がある。眼前にあるのはこの「谷神」にふさわしい神秘的な気配を漂わせている。

その岩の上に坐を組んだ。静かに瞑想に入った。呼吸を調える。バランスを失えば転落の危険もある。少なからず恐《こわ》さもあった。しかし瞑想が深まるにつれ十分余裕をもって端坐することができた。徐々に明るさを増し、対面の山の模様が見えるようになった。うっすらと山の稜線がきれいに現れ出てきた。さらに明るさを増した。薄暗い色から白みがかったようになった。そしてそれがうす赤くなってくる。じっと瞑想を続けていると、突然旭日がぐんと見えてきた。すぐに勢いを増すように大きい旭日となる。その瞬間、私の眉間に突き刺すような朝陽が差し込んできた。すると全身ふわっとした感覚に襲われ、全体が陽光の渦に包まれてしまった。

歓喜の渦。もはや何ものも要らない……。そのまま静かに坐禅を続けた。旭日はぐんぐん大きく高く登ってゆく。辺りはさっと明るくなる。チッという小鳥の鳴き声が静寂を破る。谷川の音もチロチロと聞こえてきた。

南無如来遍照光明《なーむにょーらいへんじょうこうみょー》　南無如来遍照光明《なーむにょーらいへんじょうこうみょー》　南無如来遍照光明《なーむにょーらいへんじょうこうみょー》

# Ⅱ　日本への丹法の伝搬

# 第四章　臍下丹田の秘密を知る

## 1　葬式仏教化に対決した沢庵

沢庵《たくあん》のことは、吉川文学の「宮本武蔵」によってよく知られている。武蔵と沢庵との出会いについては史実的には虚構であるが、剣術の天才・宮本武蔵の精神的指導者という設定には、吉川英治《よしかわえいじ》の沢庵への高い評価が含まれている。

事実沢庵禅師はその生涯の転回点となった「紫衣《しえ》事件」〔寛永四（一六二七）年、将軍徳川家光のとき皇室から大徳寺、妙心寺の僧侶に賜った紫衣を、幕府が命令によって奪い取った事件。〕によって仏教者としての矜持《きょうじ》を遺憾《いかん》なく発揮した。「紫衣事件」は朝廷と徳川幕府との権力闘争を背景にしたもので、崇伝《すうでん》・天海《てんかい》と沢庵との対決というレベルを超えたもの、日本仏教の大転換、堕落の道への結節点となった事件であった。

沢庵は、京都紫野《むらさきの》にあった大徳寺《だいとくじ》〔臨済宗大徳寺派の大本山。花園上皇、後醍醐天皇の祈願所。〕、その開山である宗峰妙超《しゅうほうみょうちょう》の純粋堅固な仏道を実践し指導していた。そうした沢庵の目には中世日本仏教界の滅亡の姿がいやというほどわかっていた。

沢庵の前には、崇伝と天海という大政僧が立ちはだかった。幕藩体制の末端に日本仏教界を位置づけ、民衆支配の道具として寺檀《じだん》制度を導入し「葬式仏教」を確立してゆこうとする推進者たちである。沢庵は崇伝のことを「天魔外道」と呼び捨ててはばからないのであった。

沢庵は彼らを相手に純粋な仏道の普及展開を意図して「紫衣事件」の対抗を行った。しかし幕藩体制を構築するという権力と五山派《ござんは》以来の仏教界の腐敗堕落とが呼応していた状況下で、沢庵ひとりの力ではとうてい対抗し得るものではなかったのである。

「紫衣事件」の結果、沢庵は流罪となった。沢庵はこの事件を通して日本仏教界への絶望を感じ取ったのである。

しかし他方世間の有識者の評判は沢庵に非常に同情的であり、そのため流罪地での生活は悠々《ゆうゆう》たるものであった。沢庵自身もこれを奇貨《きか》として仏法の一層深い思想的研究の日々を過ごしたのであった。

そしてまた三代将軍家光《いえみつ》の特段の贔屓《ひいき》に浴するということとなった。柳生宗矩《やぎゅうむねのり》〔柳生新陰流の達人。『兵法家伝書』を著した。一五七一～一六四六。」の仲介もあってのことであるが家光は沢庵に心底傾倒したのであった。そして沢庵は家光の強引な要請によって政治顧問の役割を強制されることとなり、東海寺《とうかいじ》を新築提供される。沢庵はそれを固辞したのであったが否応なくその開山とさせられてしまった。

こうした生涯の出来事をみれば、沢庵が「政僧」の役割をしたということは否定できない。徳川幕藩体制を構築するという家康以来三代の権力者の意志にはとうてい抵抗できるものではなく、それもやむを得ない処世と承認しなければならなかった。

このように沢庵の生涯は波乱に満ちている。仏道を歩む者としての高い矜持を持ち「葬式仏教化」への堕落に対し深い絶望を抱いていたが、それにもかかわらずなお生き生きとその時代を生き抜いた一禅僧であった。

沢庵の遺戒がある。師資相承《ししそうじょう》を否定していた沢庵は、死後なにかと迷惑なことが起こることを避けるために注意深く作製したものと考えられる。そのなかに、「寺中寺外、石塔を立つべからず」とある。そして「我が息すでに絶ぬ、則《すなわ》ち夜に於ては速かに野外に送るべし。若《も》し又昼ならば、則ち死と称さずして密《ひそ》かに夜を待ちこれを送るべし」（引用は現代かな遣いに直す。以下同じ）と遺言した。葬式仏教を否定した沢庵の当然の意向である。

十年ほど前、私は東海寺を訪れ沢庵の墓を見た。沢庵自身は墓を作ることを拒絶していたのであったがどういうわけか墓が置かれていた。たくあん石を大きくしたような丸みのある墓石であった。しかしその墓を見ているとなんとなく沢庵の大咆吼《だいほうこう》が響き渡ってくるようであった。

ついでに述べれば、親鸞《しんらん》も、死んだなら賀茂川に流して魚の餌にしてほしいということを説いていた。実際にはその後の真宗教団化と葬式仏教化のなかでこの親鸞の教えは反故《ほご》にされてしまったのであるが。

さてそれではいったい沢庵禅師の仏道・禅宗の内容はいかなるものであったのか。おおよそのことをあらかじめいえば、仏法・坐禅は死後や死体のためにあるのではない、むしろそれは拒否されるべきことであること、仏法・坐禅は生きるための教え、生活するための教えであり、生々たる大機大用《だいきだいゆう》を発揮して人生万般に処するためにあるということである。

## 2 「理気差別論」の考察

### 臍下丹田を知る

年表によれば、元和七（一六二一）年沢庵《たくあん》四十九歳のとき『理気差別論』を著述した。一凍《いっとう》から印可を受けて十七年目。禅僧としての力量を十分に発揮して、弟子の指導に当っていた頃である。紫衣《しえ》事件の七年前に当たる。

沢庵は学問を好む禅僧である。その当時は儒教・朱子学が幕府のイデオロギーとして権力的強力的に推進されてゆく勢いにあったことから、当然儒教に対抗する仏教者としての思想的対決を避けることはできない。そため独自に学問を深めていったのである。

沢庵は従来の凡庸な禅僧が既存の経典を鵜呑《うの》みにしてその解釈に終始するという傾向とは違い、自らの坐禅体験と到達した境涯（覚り）を基礎にその理論化のために自由に諸思想を学問するという柔軟な思考方法をもっていた。

「天地のあいだにひとつの理という物あり。この理感じ動いて気という物に変じ候《そうろう》。

変するというは、松に風が来て、声のするごとく也。たとえば水と波とのごとく、水うごけば波となる也《なり》。気一たび動いて、一たびは静まり候。その静まるを陰と申す也。静にしてうごき候を陽と申す也。此の陰陽が五つにわかれて、木火土金水《もっかどごんすい》となり、この五つが和合して人となり、禽獣草木萬《きんじゅうそうもくよろず》の物となり候」(『理気差別論』)

「天地の部」冒頭の言葉である。ここにいう「理」とは「かたちなくして空なる物」である。老子の道《タオ》と同様のものである。

「天地のあいだにては理と申す、其の理のうごくを気といい、人の身にあって性と申す。此の性のうごくを心と申す也。然れば天にあっては気といい、人にあっては心と先ず心えらるべく候」(前掲書)

このように天地と人間を統一してとらえる思想を述べている。人間存在を天地自然の一部という認識を気の思想を通して解明しているのである。そしてさらに気の思想を人身に即して述べている。

「人の身に気と申す物、心の外《ほか》にあり。是を何そといえば、先《まず》根本の元気と申すものの候。臍の下にありて、おしてみればつねにおどり候。気の源是也」（前掲書）

沢庵は臍下丹田《せいかたんでん》が自己の身中にあることを指摘し、腹中に動いているものという。

### 心と内気の関連

そしてさらに、次のように言う。

「この気の（を）あおぐ事、槖籥《たくやく》の風のごとく也。此の気のあおぐに、身の血がなみのたつごとくに、一寸づつさきへはこびめぐり候。是を脈と申し候。此の元気たえてうごかねば則ち血がこりとどまり、脈たえて人死する也。是によりて人の死するを気をうしなうと申す也」（前掲書）

槖籥は鞴《ふいご》のこと。精錬に用いる送風機である。人身の気＝内気を鞴であおぐようにして動かせば血流が波が立つ如く流通してゆくというのである。それを慎重にコントロールしながら少しずつ周流させてゆくことができるし、それが気血ということになるというのである。

続いて心と内気との関係についてのべてゆく。「心が気にしたがえば悪し、気がこころにしたがえばよし」と説いている。

沢庵の著述に『医説』がある。これは内気と心の関係についての詳細な研究である。内容的に『理気差別論』の先に著したものかと思う。

『医説』から引用する。

「心と気と一にしてはなれず。出るも入るも、心と気と同道するように心得るべき也。気がさきへはしりすぐればつまずく也。心と同道すればけがわなきなり。よろずのしそこないは皆心より気がさきばしる故也」

そして『老子』から引用し、この内気を嬰児《えいじ》のごとくに柔軟に抱く「抱一《ほういつ》」〔気功の専門用語「守一」と同義。「一」は絶対のもの、唯一のもの、「道（タオ）」等から離反しないこと。〕の修練が必要であることを説いている。

「気と心のわけは、心をさとり見たる人ならでは、何とさたしたりとも食物を絵に書きたるごとくなるべし。此の故にむかしの昔より、さまざまに三教ともに書きおきたれども、書をよみたるばかりにて、心を明らめてむねのはれたる人ありがたし。(とく者は多く、しる者はすくなし。しる者は多し、通ずる者はすくなし。是はダルマのことば也)」(前掲書)

と説いている。心と気の関係を諦観《たいかん》するのは坐禅修行によって覚《さと》らなければならないと説いている。まさしく坐禅観法の達人・沢庵禅師であればこそ気と心との関連について独学的に体得してしまっていた。

## 神について探求を深める

『理気差別論』にもどると、さらに心についての研究、識、意、情、性、心機等について探求を深めてゆく。そしてこの心機が外に向かって動いてゆくことが「大機大用《だいきだいゆう》」になってゆくのであるという。さらにこの方向に修練を深めて「忘機」を覚ることが目標である。忘機というのは、近くの野辺にいる鷹や白鳥などは人が側を通っても飛び立つことを忘れたかのようにしている様相のことである。恐れることもなく淡々としている様子のことである。

そしてさらに研究を「神《しん》」の研究へと深めてゆく。

「神」はまず「伸」なりという。全身に足指の爪先にまで至るようにのびのびしていることである。

「気血の二つを家としてこの神この身にありて主人也」（前掲書）

と説き、この「神」は「黄金のごときもの」であるという。この神が内外様々の妙用をするのである。まさに、「仏」と「神」は「同体異名なり」と沢庵は説いている。

丹法においては、「精・気・神」を三宝と称し、この三者のはたらきを身心の修練によって体得することが目的であるが、沢庵のこれまでの教説をみると心と気のはたらきの統一されたもの（神）を体得し、事実上丹法を体得していたといえるだろう。

## 3　「色即是空・空即是色」――真如ということ

沢庵禅師の仏教思想は極めて実践的である。柳生宗矩《やぎゅうむねのり》に指導した『不動智神妙録《ふどうちしんみょうろく》』で剣法の奥義を説いた。その内容は坐禅の極意である不動心ということを剣法に応用したものである。白刃の下にあって、この不動心を実現することは実際のところ非常に難しい。これがほんとうにできるようになるためにはどれほどの修練が必要なことか……。

坐禅は瞑想のことである。そういう意味では仏教特有のことではないが、仏教の空思想とこの禅法とは非常に親密な関係にある。この空思想について沢庵は『安心法門《あんじんほうもん》』に詳しく説いている。

『安心法門』は達磨《だるま》大師〔禅宗の始祖。五二七年、河南の嵩山少林寺で「面壁九年」の「壁観」（＝坐禅）を修練した。〕の『小室六門集《しょうしつろくもんしゅう》』にある安心論を参学の徒のために提唱した時の手稿といわれているものである。

その内容は心法についての仏教思想からの解説となっている。臨済宗紫野の仏法は庶民の間にあって活動する純禅の法であるが、この禅法と仏法を事上において実践的に明らかにすることがこの『安心法門』の眼目である。全体的に仏教概論のようになっている。ここではテーマを「事上《じじょう》の得解《とくげ》」と「真空妙用《しんくうみょうゆう》」の二つにしぼりその展開をみることとする。

## 事上の得解

「実際の事実の上で悟りを得る者は、気力壮んである」

事《じ》とは万事のこと、日々の振る舞いのことである。そのいちいちの振る舞いにおいてとらわれがなければ、縛られるということがなく、自在を得ることができる。

事に執着するということは物事の相に心を止めることである。例えば扇を作るとき、この扇は本来紙であり竹であり木などである。相に執着しなければただ手でもって骨をけずり、紙を合わせ、折って仕上げるまでのこと。扇の相を空じて無心にして一切のことがこのようであることを「事上から悟りを得る」ということなのである。

「事の中から法を見る者は、どこにおいても正念を失わぬ」

正念《しょうねん》ということは雑念を離れること、純一無雑《じゅんいつむざ》の三昧境《さんまいきょう》に入ることである。無念にして行うことはそのまま正しいことである。そして無念の念に到ることが智慧の発揮なのである。

事中に理を見ることと、理中に理を見ることの二つがある。相を離れて見るのと相に即して見るという二つである。相を離れて見ると、相に逢えば心が散乱してしまう。相に即して見る人は平常心が無想で見ているので正念を失うことはない。つまり正念とは無念である。相を離れるゆえ無念である。

「文字から解《げ》を得る人は、気力が弱い」

文字とは経や論のことである。三種の般若《はんにゃ》（智慧）がある。実相般若、観照般若、文字般若である。実相般若は智に即する理である。仏智のことである。観照般若は理に即する智である。「五蘊皆空《ごうんかいくう》　度一切苦役《どいっさいくやく》……」というのがこれである。般若の理をもって五蘊《ごうん》を観照することである。そして実相般若の話を文字に表して説くことを文字般若という。

文字般若はなにゆえ気力が弱いというのか。これは世間で言う「鞍掛《くらかけ》にて馬に乗り習った」ということである。木馬に乗って稽古をしても実際の乗馬を知ることはできないのである。直にその事に向かって坐禅観法して体得すればその骨髄に徹して悟ることができるのである。従って「教相学者」に終わることは自身の悟りを得ず、仏法を知ることのない凡夫なのである。無相のところに相を求め、読経・念仏してしきりに執着心を増長させている。これは仏陀の真実の悟りと万重の関所を隔てている。

もちろんこのことは学問することを無意味であると言っているのではない。仏道の学問をすることは、無学に到るためのものであり、仏道を体得するためのものである。したがって無学の境地に到ることがなければ仏道ではない。

「事に即し法に即する者は深い」

理は無限に深い。そのため言葉で言い尽くすことは不可能である。理が先であり言葉は後である。もし先にある理を知るのであれば、後の言葉を尋ねるということは不要である。釈尊が世に出る以前から理は備わっている。釈尊が世に出てこの理を説法したのである。

事に即すということは事を離れて別に法を悟ることではない。事がそのまま法であり、法の外に事があるのではない。法すなわち事である。これが「色即是空《しきそくぜくう》・空即是色《くうそくぜしき》」の意味である。

### 心空妙用

続いて沢庵は、心法を中心に考察をすすめてゆく。無心のこと、無心無作《さ》ということについて述べる。

今の儒者達は心を一身の主である、この主を失ったら狂人となってしまうと言っている。しかしこれはまったく肯《うなず》けない。すべて仕事というものは初めは心を主とし、それをよく意識して行うものである。そしてそれを徹底してゆくと心を忘れて無心となってゆく。無心となった境地に到達しなければ上手であるとは言えない。

まさしく仏法の極意とは、無心無作である。このことをよく体得した人であるならば、神儒仏三教ともに無作の道理に変わりはないはずである。「聖人は無為にして化す」〔『老子』第五十七章〕という『老子』の言葉も同様のことである。

今の儒者の無為は仏法にいう無為とはその心境が違っている。長《たけ》が低いのだ。注記する人の器量が小さいために、聖人の心に通ずることができないでいるのだ。

仏とは心なのである。そして『臨済録』〔臨済宗の開祖の臨済義密の法語を、弟子の三聖慧然（さんしょうえねん）が編集したもの。〕にもあるように、心法は形が無くして十方に行き渡る。そういう意味では心は虚空に等しい。しかし法《ほっ》性《しょう》の空は虚空の虚無とは違い、空にしてしかも実相である。頑《がん》空と真《しん》空の違いを知らなければならない。

「心は対象的な色法ではないから有ではない」その意味は、心は物質的な実体がないから有とは言えない。しかし「用《はたらき》があってやむことがないから、無ではない」。日常の立ち居振る舞いを考えれば容易にわかることであり、すべて心を使わないことはないのである。心は頑空ではなく真空であって、日々これをはたらかせている。それを妙用という。空にして無限のはたらきを欠かさないところ、それを妙という。心は真空妙用である。「真空」のなかに妙理を含んでいる。王侯がこれを得れば国家を治め、庶民がこれを得れば身を治める。獣がこれを得れば走り、鳥がこれを得れば飛び、動植物がこれを受けて天地に存在しているのである。まさしく天地の心なりである。

天には春夏秋冬の四時が運行し、大地に万物が生育する。これはひとえに空の大いなるはたらきなのである。

この実相を心《しん》と名付け、性とも名付けたのだ。名称は無数である。三世諸仏とか大日、弥陀、薬王等の名号もあり、その利益《りやく》するところは無限である。それぞれがその名号を付けているにすぎない。これらを差別して仏を見ることではない。これらは衆生すなわち生きとしいけるものはこの心の別名なのである。

念仏して何を求めるのか。持経《じきょう》し修行して何を求めようとするのか。祖師が言う如くである。「もし性を見なければ、念仏、誦経、持戒しても無駄ごとである。念仏は因果の道理を得、誦経は眼の明るさを得、持戒は天界に生まれるといわれている。また布施福報といわれているが、もし仏を見ることがなければこうしたことは実現することがないのである」

## 気と「真如論」について

これまで沢庵禅師の著作『理気差別論』、『安心法門』ほかを紹介し検討を加えてきたが、さらに現代仏教思想のテーマとなっている「真空妙有」について木村泰賢《たいけん》の研究を参照しながら、気の思想との関連で考察しておきたい。

般若経の説く「空即是色」は、一切の現象は自己の心の表象にすぎなく、心を除いてはすべて空であるという教えである。しかしそれは沢庵も指摘しているように、「頑空」ということではない。心以外に何かが「存在」しているというように固定的に述べていないが、現象の根底に不変不動というべきあるものがあるということを般若経は認めている。そこでそれを虚無の空ということではなく、仮現《けげん》を否定した底にある「妙有的空」という。この「妙有的空」は現象の意味を否定することによって現れ出てくることであるが、同時に諸現象を現出してくる空である。それは「真空妙有」であり実相である。これを「真如《しんにょ》」という。それは空性、法界、法性、法身、真性、自性等の名称でいわれているもの総称である。

ここで木村泰賢は「不変真如」と「随縁真如」という述語を提出する。そして般若経の真如観は「不変真如」のほうに重点をおいた教えであり、未だ「随縁真如」の方面をほとんど説いてはいないと指摘する。そして「勝天王般若」の一説を引用し、諸法の真如は仏すなわち釈尊が世間に出てこようと出てこまいと異なることがない、常不変の実性であると。

そしてこれは概念的認識では知ることができない。それを知るためには、「超越的直観によるいわゆる証」と「叡智的思索による得」とによらなければならない。

さらに般若経に説く「心性本浄観」を考察すれば、「心性即真如」ということになる。

このように般若経の真如の真相を尋ねてゆくと、「絶対心の一」に帰着することになり、『大乗起信論』〔大乗仏教の入門書。馬鳴（めみょう）の著述と言われ、五～六世紀に成立した。〕にいう「唯是一心、故名真如」の思想はここに醸成されているということができる。そして『大乗起信論』は真如の随縁真如の方面を説いたものである。

気の思想方面からこの真如論を考察する。気は気功という実践を通じてのみ知ることが出来る。気功の方法は他種類ありそれぞれその効果が違うのであるが、気という妙用を体得したとき言説を離れてその真実を知るのである。言葉によってこれを説明することはほとんど不可能である。

気は一般的に宇宙生命力、生命エネルギーと言われている。人体にあっては内気という。気や内気は東洋医学はもちろんのこと、武術、スポーツや芸術では当然の如くに用いられているのでありその実際の作用は疑いようがない。

気に実体はない。気功によってのみ知ることが出来るものであるが、人の心を動かしているあるもの、それをひとまず気と言うのである。「真如論」はこの気の思想を受け入れる方向での考察の一つということができる。

日本語には「気」が付いた言葉は沢山あり、日常的に使用している。日本人の生活感覚として気の妙用を知ることはそれほど不可思議なことではない。要はこの気の妙用を意識的実践的に応用する方法を体得するか否か、ここにすべてがかかっているのである。沢庵禅師は上来紹介してきたように実践的に禅法を説いた人である。従って気の思想的研究を独学的に開始していたことはむしろ当然の行為なのである。

日本近世の仏教徒は「仏心宗」という言葉が如実に示しているように、一般的に「心」のことを知っているに過ぎない。また世間的には心についての考察をする暇がないために心の修行を問われると難しいと感じてしまう。確かに内面のこと、心のことを考察することはなかなか難しい。そういう意味では近代以降の仏教の学問的深化と諸実践の積み上げ、そして気功が日本にも本格的に伝来された現代に至ってようやく「心法」と気の思想についての考察を大きく前進させることができたのである。

## 4 『頤生輯要《いせいしゅうよう》』について

貝原益軒《かいばらえきけん》。江戸時代初中期の儒者である。その主著『養生訓』は現代にいたるロングセラー。この解説書は枚挙に暇《いとま》がないほど多数に上っている。その養生の思想と方法、そこに表白されている人生の生き方は、現代の我々にも大きい示唆を与えてくれている。

著作も風土記、紀行記、大和本草、訓話、詩論、黒田家家譜、儒教思想、養生訓等と多方面にわたる。そこには益軒流の科学的思索、さらには博学的、現象学的考察が展開され、江戸時代を通じてもまれにみる大学者といわれる業績を残した。

またこれら大量の著作は、益軒晩年に集中し、ほとんど七十歳以降八十五歳で死ぬまでに書かれているのである。

病弱な体質であった益軒には養生法が終生の課題であった。養生の実践による長生きは単なる健康法の域をこえて、真実の人生、和楽の人生を全うするための方策、秘訣とも言えるところに到達していた。「益軒」という名号は、八十歳を越えてのもので、それまでは「損軒」である。この改号は、黒田藩の右筆《ゆうひつ》という職務、『養生訓』等多くの著作活動、そして旅行や歌舞音曲、夫婦円満な生活等の実際活動に旺盛に取り組んできたことから、自己の人生はまことに有意義な人生であったということを含ませて、「損」を「益」に変えたという。

『養生訓』の後書きに、若いときよく読書をしたが、そのなかに「養生の術を説ける古語」を集めて弟子達に与えたことがある。それは『頤生輯要《いせいしゆうよう》』というものである。「養生に志しあらん人は、考え見給《たも》うべし」といい、『養生訓』に書いたことは「其の要（約）」であると述べている。

この古文書はさいわいにも国会図書館にその電子版があった。その内容を見てみると、中国古代の医書関連の抜き書きがなされているが、その中の「導引調気《どういんちょうき》」の項をここでは検討する。

益軒の後半は江戸時代中期に入り天下争乱もようやく治まり、人々の生活と文化的発展がなされ始めた頃である。益軒は多くの漢籍を読んでいたが、朱子学のほか養生論に関する著作には特別に注意を集中していた様子がうかがわれる。そしてこの『頤生輯要』にある「導引調氣」に関する研究は、当時の気功研究の中でも白眉といえるだろう。

すでに沢庵は気の思想とその実践的研究をしていたことを述べたが、益軒存命の頃には諸種の導引《どういん》に関する著作があった。大黒貞勝編著『導引口訣鈔』によれば、『導引体要』（林正旦、一六四八年）、『古今養性録』（竹中通庵、一六九二年）、『古今導引集』（大久保道古、一七〇七年）、『導引口訣鈔』（宮脇仲策、一七一三年）『導引秘伝指南』（一愚子、一七九三年）が発行されていた。

内容的には『荘子』の導引、華陀《かだ》の五禽戯《ごきんぎ》〔華陀は後漢末に現れた大医学者のひとり。虎、鹿、熊、猿、鳥の五禽の動作に似せて作られた気功。〕、道家の坐功、天竺按摩法《てんじくあんまほう》〔唐の孫思邈（そんしばく）著『備急千金要方』（びきゅうせんきんようほう）に紹介されている気功法。〕等々であり、「自行の術」すなわち気功の運動（体操）法、静坐法、自己按摩法を紹介したものである。そして白隠禅師『夜船閑話』は、一七五七年に発行されている。

益軒に戻すと『頤生輯要』は、一六八二年に著述されている（井上忠著『貝原益軒』参照）。益軒五十三歳の時である。

この『頤生輯要』の内容からまず言えることは、『養生訓』に説いたことは、益軒が若いときから実行してきた養生法を紹介したということである。単に文献や知識の紹介ではなく、人生の一部として終生実行した養生法である。それを簡略にまとめて紹介したところに、『養生訓』が現代にいたるロングセラーとなっている由縁《ゆえん》なのである。『頤生輯要』の内容に入る。

内容項目的にはほとんど『養生訓』と同じである。ここではその中の「導引調気」の項目について検討する。この中に参考資料が明記されている。『呂氏春秋《ろししゅんじゅう》』『後漢書』『淮南《えなん》子《じ》』『古今医統』『難経《なんけい》』『抱朴子《ほうぼくし》』『千金方《せんきんほう》』等々である。気功に関する歴史上の名士として陸象山《りくしょうざん》、華陀《かだ》、荀子《じゅんし》、蘇東坡《そとうば》、老子その他の名が登場している。内容は、気功の導引（動功と静功）、呼吸法、按摩法、存想法（イメージ法）等に及んでいるのである。そしてここに記述されている参考資料は現代気功の主要な文献となっているものである。

この『頤生輯要』執筆から約三〇年後に『養生訓』を著述していること、そして『養生訓』の後記に、「みずから試み、しるしある事は、憶説といえどもしるし侍《はべ》りぬ」と書いていることを考えれば、「導引調気」の方法についてこの間に種々自己流に実践工夫してきたものを記述したということができるだろう。

気功を知っている者からいえば、気功の実践的内容を気功家の指導を得ずして自ら修得するということは容易なことではないと思う。しかし初歩的な修練内容は、たとえ無師の修練であっても真摯に実行してゆけば自ずから効果が現れ出てそのことを実感することができることも事実である。

## 5　養気法が『養生訓』の中軸

『養生訓』に一貫しているのは、養気の術すなわち気功こそが養生法の基礎であるということである。

「人の元気は、もと是天地の万物を生ずる気なり。是人身の根本なり」（『養生訓』以下同）

人は元気（真気）をもらい受けてはじめて生きてゆくことが出来る。元気はまず天地の恵みである。そして父母が生み育ててくれた御徳にある。父母によって与えられたこの身を謹んで頂戴しよく養うこと、この身を損なうようなことをせずに、与えられた寿命を完全に生きてゆくことが、儒教が説く「孝」の根本であると益軒は説く。

そのためには、「養生の術をまなんで、よくわが身をたもつべし。是人生第一の大事なり」。

やや話がそれるかも知れないが、この時代、切腹が武士の名誉とされていた。赤穂浪士の吉良邸討ち入りは元禄一五（一七〇二）年である。益軒七十三歳。その一〇年後にこのように説いた。『養生訓』著述の翌年には「大疑録」を執筆し、朱子学への全面批判を試みている。従って養生思想を主張することは、単に健康法の紹介ということのみならず、武士の生き方についてまで反省を促すことを意図したものと言っても過言ではないだろう。

「人の元気は、もと是天地の万物を生ずる気なり。是人身の根本なり」

人間は元気の力を根源にしてこの世に生まれ出てきた。飲食、衣服、居所等の外物を補助的に用いてこの元気を養うことが生命を保つ基本である。したがって飲食衣服等の外物は少なくして、心の内の楽しみを求めるようにして生活することが長寿の要訣である。

「養生の術はまず心気を養うべし。心を和にし、気を平らかにし、いかりと慾とをおさえ、うれい・思いをすくなくし、心をくるしめず、気をそこなわず、是心気を養う要道なり」

「養生の道は、病なき時つつしむにあり。病発《おこ》りて後、薬を用い、針灸を以《もっ》て病をせむるは養生の末なり。本をつとむべし」

そして養生の術は、人生の「大道」であってけっして「小芸」ではない。心底から養生の術に励まなければ成果を得ることは出来ない。もしその養生術を知っている人について修練することができるのであれば、それは「千金にも替《かえ》がたし」と説いている。

そして気血の全身へのスムーズな流通こそが養生治病の要訣であるという。

「陰陽の気天にあって、流行して滞《とどま》らざれば、四時よく行われ、百物よく生る。（中略）人身にあっても亦しかり。気血よく流行して滞らざれば、気つよくして病なし。気血流行せざれば、病となる。其気上に滞れば、頭疼《ずつう》・眩暈《げんうん》となり、中に滞れば心腹痛となり、痞《ひ》満となり、下に滞れば腰痛・脚気となり、淋疝《りんせん》・痔漏となる」

## 6　臍下丹田の妙用を知ること――養生法、坐禅修行、武芸の秘訣なり

「総論下」において、養気の術について、「呂氏春秋」「千金方」その他中国古文書の要点を紹介しながら具体的に記述し、臍下丹田《せいかたんでん》について言及している。

「百病は皆気より生ず。病とは気やむ也。故に養生の道は気を調るにあり。調うるは気を和らげ、平かにする也。凡そ気を養うの道は、気をへらさざると、ふさがざるにあり。気を和らげ、平にすれば、此の二つのうれいなし」

調気の術（気をコントロールすること）を学ぶことが肝腎である。そしてその調気の術の要訣は臍下丹田の妙用を体得することにあると説いている。

「臍下三寸を丹田という。腎間の動気ここにあり。難経に『臍下腎間の動気は、人の生命也。十二経（十二の経絡（脈）のこと。頭部から内臓諸器官を中心に手足の末端まで行き渡っている内気の連絡系。）の根本也』といえり。是人身の命

根のある所也」

「養気の術つねに腰を正しくすえ、真気を丹田におさめあつめ、呼吸をしずめてあらくせず、事にあたっては、胸中より微気をしばしば口に吐き出して、胸中に気をあつめずして、丹田に気をあつむべし。如此《かくのごとく》すれば気のぼらず、むねさわがずして身に力あり」

「貴人に対して物をいうにも、大事の変にのぞみいそがわしき時も、如此すべし。もしやむ事を得ずして、人と是非を論ずとも、怒気にやぶられず、浮気ならずしてあやまりなし。或は芸術をつとめ、武人の槍・太刀をつかい、敵と戦うにも、皆此法を主とすべし。是事をつとめ、気を養うに益ある術なり」

「凡そ技術を行う者、殊に武人は此法をしらずんばあるべからず。又道士の気を養い、比丘《びく》の坐禅するも、皆真気を臍下におさむる法なり。是主静の工夫、術者の秘訣なり」

神仙術、気功の歴史上において臍下丹田を明確に指摘した古文書は、晋の葛洪著『抱朴子』であるが、そこには臍下丹田の部位を「臍下二寸四分」と記述している。

臍下丹田についていえば、これは一点の部位ということではなく、広さ大きさを持ち動いている下腹部のある部位である。これはその人によってそれぞれことなるものである。それは臓器のようにある実体をもったものではない。真気の集まるところ、貯水池のようなもの。ここで内気をうみだしその妙用を発出するところである。丹法修行によって内気を練り「金丹」〔宋代以降内丹術（丹法）が積極的に探求され、修養法として組織的に発展した。その丹法の成果は真実貴重なものという意味で用いられた比喩。〕を産み出すところである。

貝原益軒は、胸中に気をあつめるのではなく臍下丹田に気を集めることを指摘している。それが調気の法の秘訣であると説いている。さらにそのためには、呼吸法は鼻より精気を引き入れ、口より濁気を吐き出すこと、出すときは少しずつだすこと。そして呼吸は緩やかに、深く丹田に入れるべしという。これは丹田呼吸法のことである。この丹田呼吸法こそが養気の術の要訣であるという。

さらに養気の術の要訣として、心法を学ぶことが不可欠であると説いている。

「養生の術は、まず心法をよくつつしみ守らざれば、行われがたし。心を静かにしてさわがしからず、いかりおさえ、欲をすくなくして、つねに楽しんでうれえず。是養生の術にて、心を守る道なり。心法守らざれば、養生の術は行われず。故に心を養い身を養うの工夫、二なし、一術なり」

養気の術と「主静の工夫」つまり坐禅修行は一体のものとして修練してゆくことができると説いている。心と気は一如なり、ということを説いでいるのである。

## 7　和楽の人生を歩む

### 楽ということ

養生法は身体の健康を回復させることを目的とする、というふうに考えることは狭い考え方である。世間には健康法に関する本や紹介記事、テレビ番組、健康食品等うんざりするほど宣伝されている。確かに病弱な人にとっては医療と並んでこうしたものも有効な場合もあるであろう。

しかしながら益軒の『養生訓』は、自ら実践してきた養生法を通じて和楽の人生を全《まっ》とうすることができたという教訓、賢者の人生訓を説いたものである。針灸漢方等によっていわば他力的に健康を回復するということを越えて、自力的でやや難しい気功や丹法についてまでも実践的に記述したのは、それを通じて賢者の生き方を実現するための方法を説くということが真の目的であった。

ここで、『養生訓』の二年前に著した『楽訓』を検討紹介する。これは七五調文体で書かれた読みやすい訓話である。枕草子風の文章であり現代人にもそのまま読むことが出来る。『養生訓』とこの『楽訓』を一体にして読んでみると貝原益軒の養生法の真髄を知ることができる。

「およそ人の心に、天地よりうけ得たる太和の元気あり。是人《これひと》のいける理《ことわり》なり。草木の発生してやまざるが如く、つねにわが心の内にて、機のいきてやはらぎ、よろこべるいきほひのやまざるものあり。是を名づけて楽と云。是人の心の生理なれば、即是仁の理なり。只賢者のみ此楽《この》あるにあらず、なべての人も皆これあり。されどまなばざれば此楽をしらず」(『楽訓』以下同)

すべての人はその心を通して、宇宙と大地より取り入れた「太和の元気」があることを知ることができる。「太和の元気」とは太虚や太極と同様の意味であり、この宇宙に遍満している真気のことである。この真気は人間のみならずすべての生命体や森羅万象の根源的エネルギーである。この真気の働きを知るためには自ら心法を体得してはじめて知ることができる。

自己の心を内観すると「機」、すなわち真気がいきいきと働いていることを知ることができる。それを知れば和らぎをもたらしてくれるもの、自ずから生きていることの喜びを感得させてくれる勢いのある流れ（内気）を知ることができるのである。これを益軒は「楽」と名づけたのである。

これは人の心の生理的現象なのであり、これこそ「仁の理」なのである。朱子学では理と気を区別し、理を先験的抽象的真理とする。しかし益軒の楽の定義をみると真気を根本とし、朱子学の「理気二元論」を事実上否定している言説となっている。

益軒は「太和の元気」が総ての根本に実在すると説き、そしてその「楽」というものは賢者にも凡夫にも与えられているものであるがしかしながら、この楽のことを知るためには学問修行、とりわけ養生法と心の修行（禅の修行）をして心法を体得しなければ知ることができないと説いている。

すでに紹介した『養生訓』のなかの養気の法に、「養生の術は、まず心法をよくつつしみ守らざれば、行われがたし」と説いていた。坐禅や静坐法は当時の識者の間では当然の日常的修行であった。益軒は「太和の元気」の働きを知るための心法について実践的に知っていたのである。

## 心の楽しみを知れ

さらに益軒は言う。易経〔五経のひとつ。「周易」ともいう。〕には「百姓（世間の人）」は毎日その「太和の元気」のおかげによって生かされているのであるがこの太和の元気を知ることができない。何故ならば凡夫は私欲に惑わされた生き方をしているため、この楽にもとづく生き方を自ら失ってしまっているのである。もちろん「鳥獣草木」もこの真気によって生かされているのであるが、彼らにその楽を知れということは意味のないことだろう。

しかし人間は違う。人間には心がある。この心の中に楽があるのである。私欲に惑わされることがなければいたるところでこの楽の本性によって日々楽しい生活を送ってゆくことができる。人間は眼耳鼻舌身《げんにびぜっしん》の五官に頼って生活しているためとかくに外的なものに惑わされやすい。したがってこの五官による欲望を抑制する生活をするようにすれば自ずから人生の楽しみを得ることができるのである。

衣食住の物質的なものはもちろん人間生活には必要である。しかしそれらは楽を生きるための補助的なものなのである。衣食住の補助的保養を得て、心を開き心情を清くし道心を感興《かんきょう》し卑《いや》しい心を洗い流すように努めることである。そうすれば「天機（＝真気）」によって触発され自ずから善心を起こす生き方ができるようになるのである。

さらに益軒は説く。和楽と礼の調和である。自分のみ楽しむということ、他人の苦を無視することは天のもっとも憎むことである。他の人と共に楽しむということ、これこそが天の理なのであり誠の楽なのであると。

世間・人間には卑しいことがしきりと起こってくる。これは浮世の倣《なら》いである。これは聖人であってもとうてい無くすことはできない。しかしそうした浮世の倣いに心を悩ますということがないようにすることが肝腎である。常に自ら心の楽を失わないように世間と付き合いながら生きてゆくことが大切なのである。

心を明澄にし世間の常識をよく知って、その上心の楽を得るように生きることである。そうすれば総てのものには天地陰陽の道理が働いていることを知る。それを知ることができるようになればこの世間にある見るもの聞くものすべてが耳目を喜ばし快い。其の楽しみは限りがなく手の舞い足の踏むことを知らずという生活を送ることができるようになるだろう。

## 清福という生き方

地位・名誉・財産は世間人が当然のごとくに求めるものである。ところが地位を得れば人を見下し、名誉を得れば高慢となり、財を得れば利殖に惑う。こうしたことが凡夫の倣いであろう。そのため地位・名誉・財産は人生の三大悪趣にもなってしまう。この人生の三悪趣を超越すること、これが賢者への道には不可欠の修行である。仏道においてもこの名利貪欲の惑わしから離れることを無条件に要求する。しかしこのことを世間人は理解することさえ難しい。ましてや実践することはよほど高い志のある人物でなければできない。

益軒はこの有史以来の難問に対して「清福」という生き方を知れという教えを懇切に説いた。

世俗の楽しみ即《すなわ》ち享楽は自己の苦しみとなってはね返ってくるものである。たとえば美味であるからといってむさぼり食えばそのときには楽しいかもしれないが、それがやがては生活習慣病の原因ともなってはね返ってくるのである。

「君子は足る事をしり、むさぼりなければ、身貧しけれども心富めり。古語に知足者《ちそくは》心富めりといへるが如し」

「君子小人ともに楽みをこのむは人情なり。されども君子(は)小人の楽みとする所(と)同じからず。礼記《れいき》に、君子は道にしたがふ事をたのしみ、小人は欲にしたがふ事を楽む。道を以《も》(って)慾を制すれば楽んでみだれず、慾を以って道をわするればみだれて楽しまずといへり。ここを以って小人の楽は真の楽にあらず。はては必(ず)苦みとなる」

清福ということを知らなければならない。これは賢者のみ知るところであり凡夫には理解することさえ難しい。そしてこの清福を知って実践しその楽しみを得る人は希《まれ》にしかいない。

「清福は富貴の享楽なる福にはあらず。貧賤にして時にあはずとも其の身安く、静にして心にうれひなき是《これ》なん清福とぞ云《いう》める」

「清福はいとまありて身やすく、貧賤にしてもうれひなきを云《いう》。書をよんで古《いにしえ》の道にたどたどしからず。また山水月下の楽あり。是財利の富饒《ふぎょう》なる福にまされり。或《あるいは》静室に安座し、書をよみ道を楽しみ、又良友に対して道を論じ、同じく風月を賞する、是清福のいとすぐれたる楽なり」

「清福をしりても、身に清福なければ此《この》楽なし。此の清福を得る人世にすくなきは、天のをしみ給《たも》ふ所なれば、尤《もっと》も得がたしといへり。もし此清福の楽をしりて、清福を得たらん人は、世に類《たぐい》すくなき福なり」

旅行を楽しみ景勝を楽しむ。名産珍味を楽しむ。そしてまた堪忍することの楽しみも知らなければならない。怒りと欲望を堪《こら》えるということである。堪忍すること、これこそ「衆妙の門」ということができる。堪忍の理を知ること、これは大いに楽を得ることを助けてくれるのである。「酒は天の美禄なり」という。また歌舞音曲を楽しむことは血脈を流暢《りゅうちょう》にし、気を養う術となるのである。

武士は勇を尊ぶことは当然である。この勇というのは外面に表すものではなく内に含む勇でなければならない。真の勇者は顔かたちは荒々しいものではない。むしろ柔和である。

その気象は従容《しょうよう》として迫《せま》らず。慾をこらえ、義を見ては必ず行動を起こし、節義は固く守る。これこそ真の勇者というものである。真の勇者は常に和楽の威儀を保持しているものである。

涅槃《ねはん》は仏道の最高到達目標である。あらゆる執着を絶ち煩悩を生ずることもない。たとえ煩悩が生まれ出てくることがあってもそれを自在にコントロールし何ものにも煩《わずら》わされることのない平安な生活を送ることができる賢者、この人を仏陀という。八正道の修行をするのもこの涅槃の境涯に到達して現世を自由自在に生きてゆくことができる仏陀となることが目的なのである。これが釈尊が説いた教えの中心である。

ところが不幸なことに大乗仏教が発展してゆくようになって以降、この涅槃を彼岸化してしまい、死んでからこの涅槃に到達することを主義とするという宗派が生まれ、それが日本仏教界の最大勢力を形成しているという現実がある。志の高い仏教徒の中にはこうした「葬式仏教」の非を主張する人が現れてはきている。それはまことに貴重な運動であるといえるがいまだ少数である。この仏教界の現状を踏まえて、益軒が『楽訓』として説いたことを考え直してみる。

益軒は儒者である。幕藩体制の中で福岡藩の一地方官僚として公務に従事していたのであり、現世的現実的働きを旺盛に展開することを主義としていた。その上に和楽の人生を実践的に送るための秘訣を説いたもの、それがこの『楽訓』であり『養生訓』なである。

その両著の内容を顧《かえりみ》ると、益軒が説いたことは実質的に仏教の涅槃を具体的実際的な生活の教え＝和楽の人生として説いたものということが許されるだろう。儒仏一致である。

他方益軒は「太和の元気」の働きを教えの哲学の中軸に据えている。「太和の元気」は真気のことであり、これを知ることは気功の練功を通じた心法によらなければならない。これは本来神仙術の基礎である。この「太和の元気」の働きを老荘の哲学と一体として成立したのが道教であることを考えれば、結果的に儒仏老一致ということになる。

益軒の教えが今日でもなお新鮮な教えとして受けとめることができるのは、この「三教一致」の哲学思想を根拠にしていることも一理となっているということができる。

# 第五章　白隠「内観法」は丹法である

## 1　白隠禅師『夜船閑話』の真実

『夜船閑話《やせんかんな》』の本文を解釈を加えて概観する。伊豆山格堂は「六分節」にして解説しているが、この分け方を採用してそれぞれ内容を検討する。その六分節の各テーマを略記すると、次のようになる。

一、白隠の若い頃の修行において、「禅病」に罹ったこと。
二、「白幽先生」なるものに邂逅《かいこう》したこと。
三、白隠内観法の内容は丹法であること。
四、白隠内観法は禅法なりということ。

五、軟蘇《なんそ》鴨卵《おうらん》の法について。

六、白隠内観法は治病のためだけではなく、参学得悟＝仏陀《ぶっだ》と成るための秘訣であること。

以上のテーマに沿って要点を紹介しながら解説してゆこう。

## 「禅病」に罹ったこと

白隠禅師は二十代の頃夢中になって修行に励んでいた。その時は大悟を求めて奥歯を噛み締め両眼をカッと見開き寝食も顧みず、一心不乱に参禅学道に集中していた。

すると一ヶ月も経たないある日、「心火逆上」し肺が衰弱してしまい、両足は「氷雪の底に浸すが如く」冷たくなり激しい耳鳴りが起こるようになった。胆力《たんりき》は衰え不安感に襲われるようになった。精神力も衰えてしまい夢や幻覚に纏《まと》い憑《つ》かれるようになってしまった。そして常に両脇に汗をかき涙が始終出てきてしまうというようになった。これを治そうと鍼灸漢方に相談しても手の施しようがないという症状〔現代では心身症あるいは神経症と言われる症状。〕に陥ってしまった。

そこである人に紹介されたのが、京都北白川の山中に住んでいるという「白幽先生」であった。

## 「白幽先生」との出会い

この白幽先生は石川丈山《じょうざん》〔江戸初期の漢詩人、書家。藤原惺窩に学ぶ。京都一乗寺に詩仙堂を作り閑居した。一五八三〜一六七二年。〕の師と言われている人物だという。天文や医道に通じているとのことであった。そこでその白川村に白幽仙人を訪ねた。仙人は長い髪を垂れ顔色は赤く潤いがあり、洞窟の中に静かに瞑想している様子であった。机上には『中庸』と『老子』と『金剛般若経』が置いてあった。

ここにいう白幽先生は『近世奇人伝』〔伴蒿蹊の著作。正編五巻は一七九〇年刊。続編五巻は一七九八年刊。〕に仙人と紹介されたこともあって、従来この人物が日本に実在したのではないかということで研究が行われたこともあった。しかしそういう人物の実在は確かめられてはいない。

## 白隠内観法の内容は丹法である

白幽先生は白隠禅師の衰弱した様子をジッと観察して言った。「お前さんは坐禅観法の修行をやり過ぎてついに禅病に罹ったと思われる。これは鍼灸や漢方でも治せないという難治の病である」と言明した。そこでその治療のために、「内観」という秘法を伝授してやろうと次のように教えてくれたのである。

この『夜船閑話』の「第三分節」において、白隠内観法の具体的内容が紹介されている。以下ここに書かれている内容を詳細に検討する。

## 道といういこと

「夫大道分れて両儀あり、陰陽交和して人物生る」（『夜船閑話』以下同）

ここでいう道とは、道教でいうタオの意味に解しそのように読むことが必要である。すると大道とは大いなる道《タオ》が陰陽の原理によって万物や人を生み出したということである。道《タオ》という概念は道教の基本概念であるが、こうした解釈をすることに日本人は慣れていない。戦後の科学的教育の中で育った現代人には宇宙という概念は当然のこととしているが、道《タオ》という概念は直《す》ぐには受け入れられない思考のクセがついてしまっているからである。

「道は一を生じ、一は二を生じ、二は三を生じ、三は万物を生ず。万物は陰を負うて陽を抱き、冲気《ちゅうき》、以て和することを為《な》す」（福永光司著文庫版『老子』第四十二章）

「道が「一」すなわち一気を生じ、一気が分かれて「二」すなわち陰陽の二気となり、陰陽の二気が交合して、陰陽の二気とともに「三」とよばれる冲和の気となり、その三とよばれる冲和の気が万物を生じる。したがって万物はそれぞれに陰の気を背負い、陽の気を抱えこみ、冲和の気によって調和を保っているのである」（前掲書、四三頁）

『老子』に説かれている宇宙の発生史的起源についてはとりあえず仮説とする。真気＝宇宙的生命エネルギーを原動力として道が陰陽の原理に従って動き出し、天地の森羅万象、自然や人間を生み出した。

この道は「太極《たいきょく》」と言い換えてもよい。いわゆる「太極図」（本書、二一一頁参照）はこの道が陰陽の原理によって動き出すことを模造的に描いたものである。

## 気と経絡のこと

「先天の元気中間に黙運して、五臓列《つらな》り経脈《けいみゃく》行わる。衛《え》気営《えい》血互に昇降循環する者《は》、昼夜に大凡《おおよそ》五十度。肺金《はいきん》は牝蔵《ひんぞう》にして膈上に浮び、肝木牡蔵《かんもくぼぞう》にして膈下に沈む。心火は大陽にして上部に位し、腎水は大陰にして下部を占む。五臓に七神あり、脾腎各々二神を蔵《か》くす。呼は心肺より出で、吸は腎肝に入る。一呼に脈の行く事三寸。一吸に脈の行く事三寸。昼夜に一万三千五百の気息あり。脈一身を巡行する事五十次。火は軽浮にして、つねに騰昇を好み、水は沈重にして常に下流を努む。若《もし》人察せず、観照或は節を失し、志念或は度に過る則《とき》は、心火熾衝《しんしょう》して、肺金焦薄《はいきんしょうはく》す。金母苦しむ則は水子衰滅す。母子互に疲傷して五位困倦《こんけん》し、六属凌奪す。四大増損して各々百一の病を生ず。百薬功を立する事能《あた》わず、衆医総に手を束《つか》ねて、終に告《つぐ》る処なきに到る」

先天の元気が体内を廻って行き、五臓六腑の働きと関連する経脈（通称経絡）に流通してゆく。先天の元気とは、生まれながらにして授かった元気のこと。これが経絡を通じて五臓六腑を始めとして全身に廻っているのである。営気は経絡上を流れている内気のことであり、衛気はそれ以外の内気のことである。そして気血の流れは昼夜を分かたず昇降循環しているという。

人体にはこうした内気が満ちており、それが周流している。人体は皮膚や内臓や神経や器官、細胞等による構造だけではなく、「気が流れる身体」ということである。

経絡を流れる内気にはある速度がある。その経絡の流れと同時に、それに影響されながら、血液の流れが進行している。其の血脈は一呼吸に三寸と白隠は言っている。

呼吸に応じて気血も循環するということで、一日に五十回くらいだと白隠は述べている。この回数は別にしても気血はある速度を持って流れているのは事実である。

そして五行説に照らして考えれば、心火は上昇しようとする性質があり、腎水は下降する性質があるというようにそれぞれ人体には内気の自然な流れがある。その法則を無視して無理な修行を続ければ五臓六腑の働きも衰えてしまい、ついには病気になってしまう。

## 元気を臍下丹田に充実させること

「蓋《けだ》し生を養う事は国を守るが如し。名君は、常に心を下に専《もっぱ》にし、暗君庸主は常に心を上に恣《ほしいまま》にす。上に恣にする則は、九卿《きゅうけい》権に誇り、百僚寵《ちょう》を恃《たの》んで、曾《かつ》て民間の窮困を顧る事無し。野に菜色多く国餓莩《がふ》多し。賢良竄《かく》れ、臣民瞋《いか》り恨む。諸侯離れ叛《そむ》き、衆夷《しゅうい》競い起つて、終に民庶を塗炭にし、国脈永く断絶するに到る。心を下に専らにする則《とき》は、九卿倹《けん》を守り百僚約《やく》を勤めて、常に民間の労疲を忘るる事無し。農に余まんの粟あり、婦に余まんの布有りて、群賢来り属し、諸侯恐れ服して、民肥え国強く、令に違するの蒸民《じょうみん》なく、境いを侵すの敵国なし。国、勺斗《しゃくと》の声を聞く事なく、民、戈戟《かんげき》の名を知らず。

人身もまた然り。至人《しいじん》は常に心気をして下に充たしむ。心気下に充つる則は、七凶に動く事なく、四邪また外より窺《うかが》う事能わず。営衛充ち、心神健かなり。口終《つい》に薬餌の苦酸を知らず、身終《つい》に鍼灸の痛痒を受けず。庸流《ようる》は常に心気をして上に恣《ほしいまま》にす。上に恣にする則は、左寸の火、右寸の金を剋《こく》して、五官縮まり疲れ、六親苦しみ恨む」

内気の道理を考えてみると、養生するということは、政治とよく似たところがある。殿様や上役のことばかりに気を遣っている政治は必ず、人民は疲弊し恨みを買い、国は滅びてしまう。逆に常に下々のことに気を遣うそうした政治を続けて行けば、人民は豊かに生活し国も栄え、戦争する必要もないこととなる。

「人身もまた然り。至人は常に心気をして下に充たしむ」。養生するためには、常に内気を下腹部に充たすようにすることが大切である。真理を覚っている至人（真人）はよくこのことを知っているのだ。

「是故に漆園《しつえん》〔荘子の別称。〕曰く、真人の息は是を息するに踵《くびす》を以《もつ》てし、衆人の息は是を息するに喉《のど》を以てす。許俊《きょしゅん》〔朝鮮の医家。〕が云《いわ》く、蓋《けだ》し気下焦《かしょう》〔中医学では人体を上・中・下の三焦に分ける。〕に在る則は、其息遠く、気上焦《じょうしょう》〔上焦はみぞおちより上方、頭、手を含む。〕に有る則《とき》は、其の息促《しじ》まる。上陽子が曰く、人に真一の気有り、丹田の中に降下する則は、一陽また復す。若人始陽《しよう》初復の候を知らんと欲せば、暖気を以《もっ》て是が信とすべし。大凡《おおよそ》生を養うの道、上部は常に清涼ならん事を要し、下部は常に温暖ならん事を要せよ。

夫経脈の十二は、支の十二に配し、月の十二に応じ、時の十二に合す。六爻《りっこう》変化再周して一歳を全うするが如し。五陰上に居し、一陽下を占む。是を地雷復《じらいふく》と云う。冬至の候なり。真人の息は是を息するに踵を以てするの謂《い》いか。

三陽下に位いし、三陰上に居す。是を地天泰《ちてんたい》と云う、孟正《もうしょう》の候なり。万物発生の気を含んで百卉《き》春化の沢《たく》を受く。至人元気をして下に充たしむるの象。人是を得る則は、営衛充実し、気力勇壮なり。

五陰下に居し、一陽上に止まる。是を山地剝《さんちはく》という。九月の候なり。天是を得る則は、林苑色を失し百卉落す。是衆人の息は、是を息するに喉を以てするの象。人是を得る則は、形容枯槁《けいようここう》し、歯牙揺ぎ落つ。

所以《ゆえ》に延寿書に云く、六陽共に尽く、則是全陰の人、死し易し。須《すべか》らく知るべし、元気をして常に下に充しむ、是生を養う枢要なる事を」

荘子《そうじ》も述べている。真人《しんにん》は呼吸をする時、足裏を意識して呼吸をしているのだ。凡夫は逆に喉で呼吸をしている。そのため真人は長く深い呼吸ができているが凡夫は短い呼吸しかできていないのだ。

荘子は紀元前四世紀後半の哲学者である。彼が残した著作や伝記によれば、呼吸法はもちろんのこと、導引や静坐法（坐忘）を体得していた。老子を継承発展させ道《タオ》の道理を哲学し著述した真人である。

また後世の元の時代に『金丹大要』を著した上陽子（陳致虚）はこう述べている。人は誰もが真一の気すなわち内気を持っている。この内気を下腹部に届くようにする腹式呼吸法によって臍下丹田に下し集めるとき、全身に元気が充実してくるようになる。そのことを知ることはそれほど難しいことではない。臍下丹田に内気が充実してくれば、下腹部に暖気を感じるようになるからである。これこそ臍下丹田に元気が充実したことの証明なのである。こうして養生で肝腎なことは、常に頭部は清涼に腹部は温暖な状態を保つことにある。

これは易の卦に合わせて解釈しても道理に合致していることが分かる。要するに、元気を常に臍下丹田に充たすようにすることが養生の秘訣なのである。

## 丹法の紹介

「昔し呉契初《ごけいしょ》、石台《せきたい》先生に見《まみ》ゆ。斎戒《さいかい》して錬丹《れんたん》の術を問う。先生の曰く、我に元玄真《げんげんしん》丹《たん》の神秘あり。上々の器にあらざるよりんば、得て伝うべからず。古へ黄成子《こうせいし》是を以て黄帝に伝う。帝、三七斎戒《さいかい》して是を受く。

夫大道の外に真丹なく、真丹の外に大道なし。蓋《けだし》し五無漏《ごむろ》の法あり。爾《なんじ》の六欲を去《しりぞ》け、太《たい》是彼の五官各々其職を忘るる則は、混然たる本源の真気、彷彿《ほうふつ》として目前に充つ。白道人《はくどうにん》の謂《いわ》ゆる、我が天を以て事《つか》うる所の天に合せる者なり」

白隠はこの後「錬丹の術」を紹介すると言う。中国古代の仙人・黄成子〔中国・黄帝時代の仙人、広成子。〕が黄帝に対して煉丹の術を教えたと述べている。

中国の研究書によれば、〝内丹術（丹法）の祖〟として確定されているのは、後漢の魏《ぎ》伯陽《はくよう》であり、その著作『周易参同契《しゅうえきさんどうけい》』は有名である。臍下丹田を下腹部にありと明示したのは、葛洪《かっこう》著『抱朴子』であり、そこには上中下三丹田についての記述がなされている。

さらに内丹術（丹法）を静功の基本とし、その理論と方法を確立したのは、宋代の張伯《ちょうはく》端《たん》（九八四～一〇八二）である。その主著『悟真篇《ごしんへん》』は以来今日に至るまで、内丹術の最重要経典として保持され研究されている。彼は道教南宗煉養派の開祖と言われている。そしてこの南宗煉養派の五祖が白玉蟾《はくぎょくせん》（一一九四～没年未詳）である。

「夫れ大道の外に真丹《しんたん》なく、真丹の外に大道なし」。道《タオ》のことを真丹という。ここでの真丹は真気のこと。真気は宇宙的生命力（生命エネルギー）のことを指している。

内気《ないき》とか内丹《ないたん》というものは真気が人体内で変成したものである。従ってこの真気によって自然と人間は一体となっているという認識、天人合一《てんじんごういつ》の思想に立脚している。「五無漏の法」とは五官の働きを制限し無にすることである。そのようにして修養を積んでゆけば「混然たる本源の真気」が眼前に満ち満ちていることを見ることができるようになるのである。

## 「金液還丹」は周天法のこと

「孟軻《もうか》氏の謂《いわ》ゆる浩然《こうぜん》の気、是をひきいて臍輪《さいりん》気海丹田の間に蔵《おさ》めて、歳月を重ねて、是を守一《しゅいつ》にし去り、是を養いて無適にし去て、一朝乍《たちま》ち丹竈《たんそう》を掀翻《きんぽん》する則《とき》は、内外中間、八紘四維《はっこうしい》、総《そう》に是一枚の大還丹《だいげんたん》。此時に当って初て、自己即ち是天地に先《さきだ》って生ぜず、虚空に後れて死せざる底の真箇長生久視《ちょうせいきゅうし》の大神仙なることを覚得せん。是を真正丹竈《たんそう》功成る底の時節とす。豈《あに》風に御し、霞に跨がり、地を納め、水を踏む等の些末たる幻事を以て懐《かい》とする者ならんや。大洋を撹《か》いて酥酪《そらく》とし、厚土《こうど》を変じて黄金とす。前賢曰く、丹は丹田なり、液は肺液なり。肺液を以て丹田に還《か》えす。是故に金液《きんえき》還丹《げんたん》という」

孟子《もうし》が述べている「浩然の気」、これは天地に遍満している広々とした真気のこと。これを導いて臍下丹田に収めるようにして修養を重ねること、つまり「守一」することを修養の眼目にして、臍下丹田の気を養っていると、ある日もはや臍下丹田のことなどはすべて忘れ去ってしまって、己と天地自然とが一体となってしまい無我の境地に到達してしまう。この時こそ真実「長生久視の大神仙」となったことを覚知することができるだろう。これこそ丹法の奥義を達成した時なのである。

俗説に言うように、雲に乗ったり水上を歩いたりするというような世迷い事をすることを神仙というのではないのだ。そして天地人間《てんちじんかん》を自由自在に遊行する者、それこそが神仙というのである。

「丹は丹田なり。液は肺液なり。肺液を以て丹田に還えす。是故に金液還丹という」

金液還丹は丹法（内丹術）の周天法に当たる。すなわち周天法を体得することが丹法の奥義である。

気功には多くの修錬方法がある。というより気功というのは、本来中国にある仏教や道教・神仙道、儒教、そして養生法や武術等で実践されていた種々の修錬方法を戦後の学者が気の思想を中軸にして総称したものにすぎない。従ってその内容には導引、按摩、呼吸法、練丹その他があるが、中でも丹法は静功の一種としてもっとも重要かつ高度な技法として伝承されてきたのである。

丹法は本来神仙に成ることを目的とした修養法である。と同時にその内容はよい気を養うことを基礎としているため、当然養生法としても優れた方法となっているのである。

白隠がこの『夜船閑話』で、「禅病」に託《かこつ》けて丹法を紹介したのは、白隠禅師一流の方便ということもできる。そしてここに書かれていることは、白隠が創作した〝最大の公案〟と言ってもよい。

さてここに言う金液還丹《きんえきげんたん》、これは気功の周天法によって現れ出てくる内面的事象を表現したものである。周天法は内気の任脈督脈循環《にんみゃくとくみゃくじゅんかん》を達成する気功の技法である。その周天法の秘訣を体得するためにはまず臍下丹田の玄妙な作用を知らなければならない。

周天法というのは、臍下丹田から発した内気が督脈に沿って上昇し、脳内の泥丸宮《でいがんきゅう》を通り任脈に沿って下ってきて臍下丹田に戻ることである。金液とは五行説に基づいて肺液のことを指す。この金液は心気と腎気と合流してできるという。この金液が人体内の任脈督脈を周流することによって起こる内面的感伝現象を表現して金液還丹という。これは内面の具体的事象である。これは静坐法による深い入静状態、坐禅でいう三昧に至り、そしてそれを内観することによって初めて感得することができる。

周天法には大小の区別がある。小周天法はまず任脈督脈の循環を達成することである。そこからさらに全身の経絡に流通してゆくことが出来るようになった時大周天が達成したことになる。小周天を達成すれば大周天に至るのは容易《たやす》いものである。その時、天地自然と真実の自己とは同根なることを体得することが出来るのである。

この周天法は元来道教が修養法に採用し伝承してきた。宋代には特に道教南宗煉養派の系統において深く探求され、その開祖張伯端は『悟真篇』を著しその理論と方法を確立した。そして白玉蟾の『玄関顕秘論』はそれをさらに禅法あるいは心法の方面から解明した重要経典なのである。

白隠禅師は、この『玄関顕秘論』の内容を知っていた。そして自らの長年の坐禅体験の中でその内容を検証し、その真実を体得した禅者だった。そしてこの『夜船閑話』で説いたことは臍下丹田に玄妙なる作用があること、そしてその丹法を参禅修行と一体にして修練することが必要であり、そうすることによってこそ白隠禅の奥義をも体得することができることを主張したのである。

## 丹法の基礎――意守丹田

丹法を修得するためにはまず臍下丹田を知らなければならない。臍下丹田は一般的に臍下一寸、少し内部に入った正中線《せいちゅうせん》上にある部位を指す。ここは日本でも従来ハラ（肚）というように言われてきた部位である。戦後の研究では「腹脳」とか「もう一つの脳」というような捉え方をすることもある。

生理学上、解剖しても何か実体があるわけではない。そのため現代西洋医学では認められてはいない。

修養や鍛錬をした人は体験上、このハラつまり臍下丹田を知っていた。中国の伝統的修錬の中では秘密にされ、宗教的秘事となっていたこともあって、やや神秘的な趣向がある。しかしそのように神秘化することは誤解のもとである。臍下丹田はすべての人が持っているものなのであるが、しかし成人するにつれてそれを忘れ去ってしまったのである。

太極拳や気功にあっては意守丹田《いしゅたんでん》ということが推奨されている。意守（守一）とは、意念を集中すること、臍下丹田に向けて意念を集中することを意味する。この意念の集中の仕方は、体験によって自ら知ること以外に知る方法はない。意守丹田を常に心掛けて鍛錬することが気功や太極拳はもちろん種々の芸道・武道上達、そして坐禅修行の秘訣なのである。

白隠禅師も「暖気を以《もっ》て是が信とすべし」と述べているが、この臍下丹田に暖気を感得することが丹法を体得する出発点である。それは少し訓練すれば誰もが達成することができる。その感覚を保持して、十分熱感を体得するようになれば臍下丹田を疑うことがなくなる。このような意守丹田という内観の技法を伝授するために『夜船閑話』の序文では次のように説いたのである。

「此《この》秘要を修せんと欲せば、且《すべか》らく工夫《くふう》を抛下《ほうげ》し話頭《わとう》を拈放《ねんほう》して先須《まずすべか》らく熟睡一覚すべし。其未《それいま》だ睡りにつかず眼を会わせざる以前に向《むかっ》て、長く両脚を展《の》べ、強く踏みそろえ、一身の元気をして臍輪《さいりん》気海《きかい》丹田《たんでん》、腰脚《ようきゃく》足心《そくしん》の間に充たしめ、時々に此観を成《な》すべし。我が此の気海丹田、腰脚足心、総に是我が本来の面目、面目何の鼻孔《びこう》かある。

我が此の気海丹田、総に此我が唯心の浄土、浄土何の荘厳《しょうごん》かある。我が此の気海丹田、総に是れ我が己身《こしん》の弥陀《みだ》、弥陀何の法をか説くと、打返し打返し常に斯くの如く妄想すべし。妄想の効果つもらば一身の元気いつしか腰脚足心の間に充足して、臍下瓠然《せいかこぜん》たる事、いまだ篠《しの》打ちせざる鞠《まり》の如《ごと》けん」

以上、臍下丹田を知ることが修養や鍛錬の基礎となるのである。また臍下丹田は下丹田とも言い、上中下三丹田の一つでしかないことも知らなければならない。臍下丹田は〝万能〟ではない。上丹田は脳内にありこれを「泥丸宮」という言い方もある。中丹田は胸部（降宮）にある。

下丹田は内気のエネルギーの根元であり、上丹田は智慧の大本、中丹田は意志や慈悲の現出するところというふうに言うこともできる。要はこの三丹田の作用を統合し全人的に三丹田の玄妙なる作用を体得する方法、それが丹法である。

## 内観は禅法なり

白幽先生は言った。

「我が形模《けいぼ》、道家者流《どうけしゃりゅう》に類するを以て、大いに釈《しゃく》に異なる者とするか、是禅なり。他日打発《たはつ》せば、大いに笑いつべきの事有らむ」

この丹法は元来道教の修養法の形式をとっているので仏法とは違うことなのではないかという疑問が生まれてくるだろう。ところがこの丹法は禅の一種なのである。本当に自ら覚りを開いた時、この丹法を正しく考察すれば必ずや手を叩き大笑いしてその真実を知ることとなるだろう。

「夫れ観は無観を以《もっ》て正観とす。多観の者を邪観とす。向《さ》きに公多観を以て此重症を見る。今是を救うに無観を以てす。また可ならずや。公若《も》し心炎意火《しんえんいか》を収めて、丹田及び足心の間におかば、胸膈自然に清涼にして、一点の計較思想なく、一滴の識浪情波なけん。是れ真観清浄観《しんかんしょうじょうかん》なり。云う事なかれ、しばらく禅観を抛下《ほうげ》せんと」

坐禅修行は無観となることこそが正しい修行の方向である。お前さんが「禅病」に罹《かか》ってしまったことを反省してみると、公案をあれこれ考えすぎて疲労困憊し気力を消耗してしまったことが直接の原因であろう。そこで無観となるためには、心を静かにするということが必要である。「心炎意火」という言葉にもあるように、公案などによって心頭が火炎のようになってしまっている。そこで内観によってその心を調整し臍下丹田に意念を集中して静かにしていると、自然に胸の辺りは清々してきて、なんらの想いや雑念もなくなってくるであろう。まさしくこれこそ真実の清浄観という心境に達したことではないのか。

　まさしくそうなればこの内観という修養法は坐禅修行と異なることはないと言うことができる。

　そして白隠は更に次のように強調している。

天台智魏《てんだいちぎ》の『摩訶止観《まかしかん》』にも、治病の方法について解説しているが、その中に臍下丹田に意念を集中する方法、すなわち「繋縁止《けえんし》」〔方便随縁止のこと。臍下丹田に意念を繋ぐこと＝「意守丹田」もこの一種。〕、「体真止《たいしんし》」〔直に諸法実相の理、空理に達する禅法のこと。〕という止観法を説いているではないか。これらは大いに坐禅修行の本旨に適った方法なのである。

　曹洞宗の開祖、道元《どうげん》も如浄《にょじょう》からこのことを学んだとも言われているのだ。

『小止観』にも似たようなことが紹介されている。

また白雲和尚も同様の修養法を実践していたようである。この内観法を高齢になっても実行し、その効果が大きいことを確認していた。『黄帝内経《こうていだいけい》』にある「恬淡虚無《てんたんきょむ》なれば真気是に従う。精神内に守らば、病何処より来たらん」という格言に依っていたのであろうか。

精神を内に守るというのは、元気（真気）を一身に保つための「守一」の法のことであり、それこそ養生の肝腎なのである。

あるいは彭祖《ほうそ》真人〔中国古代の老子と並ぶ真人。〕は仰臥法《ぎょうがほう》を紹介し、三百六十歳まで生きることができたと述べている。

宋代の蘇東坡《そとうば》居士も数息観を修練して無我の境地に到達したことを記しているではないか。その眼目は、ただ元気を養うことにある。そのためには静かな部屋に入り静坐して、眼を保養するために瞑目し、聴力を養うために世俗の音を聞くことは止めにする、こうして「心気を養う者は常に黙す」と言ったのである。

## 「軟蘇鴨卵の法」を説く

白隠の「軟蘇鴨卵《ないそおうらん》の法」は気功の一種である。事実この方法は中国に逆輸入され高い評価を得ている。これは気功の中のイメージ法の一種である。

白隠禅師が「軟蘇鴨卵の法」を教えてほしいと言うと、白幽先生は次のように答えた。

「譬《たと》えば色香清浄の軟蘇鴨卵の大いさの如くなる者、頂上に頓在《とんざい》せんに、其気味《きみ》微妙《みみょう》にして、遍く頭顱《ずう》の間をうるおし、浸々として潤下し来《きたっ》て、両肩及び双臂、両乳胸膈の間、肺肝腸胃、背梁臀骨《せきりょうでんこつ》、次第に添注《てんちゅう》し将《も》ち去る。此の時に当《あたっ》て胸中の五積六聚《ごしゃくろくじゅ》疝癖塊痛《せんぺきかいつう》、心に随て降下する事、水の下につくが如く、歴々として声あり。遍身を周流し、双脚を温潤し、足心に至《いたっ》て即ち止む」

清浄な鴨の卵くらいの大きさのバターのようなものを頭の上に乗せると想像する。それが脳内に浸潤していってゆっくりと下がり、両肩、両肘、胸の間、胃腸等の腹中、背骨や臀部を潤してゆくようなイメージをする。これを繰り返して修錬していると、胸や五臓六腑に詰まっていた内気の滞りがそのイメージすることに従って下がってくるような感じを覚えるようになる。その様子をジッと内観していると、両足から足芯に至って流れ出るようになってくる。

そして白隠禅師は続けて述べている。

これは喩えて言えば優れた医者が調合した妙香の薬物を煮詰めて風呂桶に満たし、その中に下半身を浸したような感じになってくるのである。

この軟蘇鴨卵《ないそおうらん》の法を続けていると、自然に心身の調子は良くなり、青年期のような活力に富み、五臓六腑の働きは調和を回復し、皮膚は光沢を生ずるようになってくる。そして何時のまにか病状は解消し、健康を回復することであろう。

しかもこのようなイメージ法はその修練する目的を治病のみならず神仙に成ること、覚りを開き成道することを目的とした修錬とすることができる。その達成には修行者の遅速はある。それは修錬の「精粗」に関係しているだけなのである。

## 内観と参禅学道の双修を

「徐々として帰り来て、時々に彼の内観を潜修するに、纔《わず》かに三年に充たざるに、従前の衆病、薬餌《やくじ》を用いず、鍼灸を仮らず、任運《にんうん》に除遣《じょけん》す。特り病《ひと》を治するのみにあらず、従前の、手脚を挟む事得ず歯牙を下す事得ざる底の難信難透、難解難入の底の一着子、根に透り底に徹して、透得過して大歓喜を得る者《は》、大凡六七回。其の余の小悟、怡悦踏舞《いえつとうぶ》を忘るる者数をしらず。妙喜の謂《いわ》ゆる大悟一八度、小悟数を知らずと、初めて知る、寔《ここ》に我を欺かざる事を」

以上のような内観法を坐禅参学と同時に密かに修錬すること三年、いつのまにか従前の病状は消失してしまった。そして余りにも難しくて手も足も出なかった数々の公案も一瞬のうちに透過してしまった。以後小悟大悟数を数えることすらできないほど、大歓喜を得ることが出来た。これは誠に真実であって決して嘘ではない。

現在は真冬の厳寒にあってもコタツに籠もるようなこともないし体調は非常に良い。これもこの内観を修錬してきたお陰であろうと思っている。

ここに記したことを荒唐無稽の妄談と考えないでほしい。また天才的に上道してしまうような人を相手に説いたわけでもない。私のような凡夫にしてこの内観を修錬すれば、必ずやその功徳は現れ出て呵々《かか》大笑することとなるだろう。まあとにかくここに記したことを実修してみることが大切なことである、と白隠禅師は述べているのである。

ここであらためて『夜船閑話《やせんかんな》』の序文の末尾を振り返ってみよう。『夜船閑話』の中で説き明かした内観法の肝心要のことを一纏《ひとまと》めにして述べておく、と次のように書いている。

①「凡《およそ》生を養い長寿を保つの要、形を錬るにしかず。形を錬るの要、神気をして丹田気海の間に凝らしむるにあり。神《しん》凝る則《とき》は気聚《あつま》る。気聚る則《とき》は即ち真丹《しんたん》成る。丹成る則は形固し。形固き則は神全し。神全き則は寿《いのちな》がし。是仙人九転還丹《くてんげんたん》の秘訣に契《かな》えり。須《すべから》く知るべし、丹は果して外物《げぶつ》に非ざる事を。千万唯《ただ》心火を降下し、気海丹田の間に充たしむるにあるらくのみ。

②住庵の諸子此の心要を勤《つと》めてはげみ、進んで怠らずんば、禅病を治し労疫を救うのみにあらず、禅門向上の事に到《いたっ》て年来疑団《ぎだん》あらむ人々は、大いに手を拍して大笑する底の大歓喜有らん。何が故ぞ、月高くして城影尽く。」（伊豆山格堂著『白隠禅師夜船閑話』。旧仮名遣は現代仮名遣にした）

意訳しながら解説しよう。

①一般的に言えば、生命力を養い長寿を得るために肝要な方法は、まず体（形）を鍛錬することが必要である。その体を鍛錬する上でもっとも肝腎なことは、神と気を臍下丹田と気海穴の辺りに集めることが必要である。ここにいう神とは、丹法の三要素「精・気・神」の一種。丹法の伝統的思想として、「精・気・神」とは人間の生命活動の根元になっていると考えている。精は物質的なもの、気は根元的な宇宙生命力、生命エネルギーのこと。神は精神・意識作用あるいは深層意識を意味している。

神すなわち意識を集中すれば内気が集まってくるという関係があるので、神を集中して内気を臍下丹田に集めてくるのである。こうして内気を集めて練り上げてゆけば、その煉丹の功によって、実際に丹が出来てくるのである。この丹が出来るようになれば体は根本的に堅固なものになる。

こうして体が堅固なものになれば、自然と心は満月のように輝き、純粋になり、その働きは完全なものになってくる。こうして神が完全な働きをするようになれば、当然にも長寿を得ることができるのである。これこそ九転還丹の秘訣なのであり、こうして不老不死を宗とする仙人と成ることができるのである。

要するに、丹というのは薬物としての外丹ということではない。そうした外部に求めることではなく、内面の修養によってこそ丹はできるのである。その修養によって、心火逆上するような状態を抑止して、ひたすら臍下丹田に神と内気を集めて練り上げるように工夫するという修養をすることが大切なのである。

②修行者たちよ、ここにいう修養法を常に心掛けて勤勉に勤めてゆけば禅病などはたちどころに治ってしまうであろう。しかもそればかりではない。禅門修行における難解な公案などについても、たちまちその解答を得ることが出来るようになり、拍手喝采、大歓喜を得ることとだろう。

なぜならば、「唐の耿湋《こうい》の詩」の一句に喩えれば満月が中空に登って城影がまったく消えてしまうことになるからだ。そのように汝の心は何らの影も見えない、真新な状態となってしまっているからである。

以上のように『夜船閑話』の序文で述べている。そしてまた白隠の別著、『遠羅天釜《おらてがま》』

では次のように述べている。

「兵法にも亦《また》言わずや。且戦且耕《かつたたかいかつやしなろ》。是万全之良策也と。参学もまた爾《しか》り、工夫は且戦の真修、内観は且耕の至要、鳥の双翼の如く、車の両輪の如し。……（中略）学者必ず内観と参学と共に合せ並べ貯えて以て、生平の本志を成ぜよ。」（『遠羅天釜』山喜房仏書林、一五頁）

白隠はこの内観すなわち丹法と参禅学道を両輪の如く一体にして、修錬することが必要であると説く。そうすればいわゆる禅病の対策にもなるし、それのみではなく参禅修行も大いに進展する秘訣なのであると説いた。

このように両著作で述べていることを考察してみると、白隠が『夜船閑話』で紹介した内観法はただ単に養生法・健康法を紹介したということではない。この内観法と参禅学道とを鳥の両翼の如く併修することは坐禅修行に適っていること、内観法を修得することは見性悟道を達成するすぐれた良策であると説いているのである。

## 2　白隠による「精・気・神」の考察

『夜船閑話《やせんかんな》』を紹介した著作は多い。なかでも丁寧に註釈したものは伊豆山格堂著『夜船閑話』（一九八三年）である。しかしこの著作においても丹法を理解し紹介したものというにはほど遠い。「精・気・神」の関係は丹法の基礎であるが、伊豆山氏の注記で、「神と気との区別は微妙で殆ど区別はつかない」（三三頁）というのみである。

西村恵信《えしん》著の『白隠入門―地獄を悟る』（一九九〇年）においては多くの白隠禅師の著作を紹介し内観法についても紹介しているが、丹法に関してはほとんど説くところがない。

### 「主心」とは何か

秋月龍珉は鈴木大拙の弟子であり、学行双修の臨済宗門流である。多くの白隠研究の著作を残している。その一書に『白隠禅師』（一九八五年）がある。この著作は特に公案について註釈したものである。その末尾に「主心お婆々の粉引歌」を紹介し、この白隠の著述についてては「解説」することはせず、「読者各位が読誦して、めいめいに自得されることを祈って『粉引歌』の本文を掲げる」（二一四頁）とある。

以下丹法に関するところを中心に引用する。番号は『白隠禅師』の本文に従う。

「（前略）

（一一）五尺余りのからだは持てど、主心なければ小童じゃ。

（一二）武芸武術も第二のさたよ、とかく主心が重じゃもの。

（一三）主心なければ明屋《あきや》も同じ、狐狸も入りかわる。

（一四）周の文武の太公望が、言うておかれた名言がござる。

（一五）武家の大事の三略の書に、驚非乱りに起こるはどうじゃ。

（一六）武士に主心定まらぬゆえ、主心定まる修行じゃぞ。

（一七）弓は鎮西八郎殿よ、槍は真田よ太刀打ちゃ九郎。

（一八）縦《たと》い此等を詐く人も、主の心は専途の時に、主心なければ腰ぬける。

（一九）主心至善二つはないぞ、常に正しき此の心。

（二〇）唐の大和の物知りよりは、主心定まる人が良い。

（二一）武士を絹布で食わせておく、主の専途の一と小ぐち。
（二二）多芸多能も先ずさしおいて、主心定まる場所を知れ。
（二三）主心至善定まる時は、持斎持戒も外にゃない。
（二四）ありがたいぞや主心の徳は、太刀も剣の刃もたたぬ。
（二五）弓も鉄砲も届かぬからに、敵と云う字は更にない。
（二六）空も月日も海山かけて、土も草木も皆主心。
（二七）神とまります高天が原も、五欲三毒ないところ。
（二八）民を新たにするとは云えど、至善定まるまでの事。
（二九）出家も沙門も高位も智者も、主心なければ皆民じゃ。
（三〇）宮はわらやよわらやは宮よ、主心一つが潮ざかい。
（三一）上下万民主心があらば、治めざれども世は万歳。
（三二）嬉し目出度や主心の徳で、打たぬ隻手の声も聞く。
（三三）悟り迷いを口には説けど、主心居《すわ》らにゃ何じゃやら。
（三四）袈裟や衣で見かけはよいが、主心居らにゃひょんな物。
（三五）四国西国めぐるもよいが、主心なければむだ道よ。

（三六）主心丹田気海に充つりゃ、仙家長者の丹薬よ。
（三七）丹を錬るには鍋釜要らぬ、元気丹田に坐るまで。
（三八）不死の丹薬望みな人は、つねに気海に気《こころ》おけ。
（三九）虚空界より長寿のものは、気海丹田に住む主心。
（四〇）気海丹田に主心が住めば、四百四病も皆消ゆる。

（中略）

（五二）主心お婆々はどこらにござる、気海丹田の裏店《うらだな》借りて、
（五三）気海丹田はどこらの程ぞ、臍の辻から二町下。
（五四）臍のぐるりに気が聚《あつ》まれば、とりも直さず大還丹《だいげんたん》よ。
（五五）最《いと》も貴《たっ》とや還丹の徳は、須弥も虚空も砕けて微塵。
（五六）十方法界実相無相、見られ手もなく見手もない。
（五七）生死涅槃もきのうの夢、煩悩菩提の迹《あと》もない。
（五八）堕して苦しむ地獄もないが、往いて楽しむ浄土もないぞ。

（以下は菩薩道の大事を説いている）

このように白隠禅師は俗語的に「主心お婆々の粉引き歌」を説いている。しかしここに述べられている内容を知ることは容易なことではできない。なぜならこれは坐禅修行と丹法を知らないで理屈で知ることは不可能だからである。丹法はあくまで実践の方法である。

## 丹法における「正念工夫」

ではここにいう「主心」とはどういうことなのかをしるために、さらに白隠禅師の代表作のひとつ『遠羅天釜《おらてがま》』（一九五九年、山喜房仏書林）を検討しよう。

まず精・気・神ということについて白隠禅師は述べている。

「大凡精気神の三の物は、一身の柱礎也。至人は気を惜しみて使わず。蓋し生を養ふの術は国を守るが如し、神は君の如く、精は臣の如く、気は民の如し、夫れその民を愛する、其の国を全する所以なり。其の気を惜むは、其の身を全する所以なり」（一一頁）

ここには白隠禅師は丹法についての文献資料を研究していたこと、その基本用語、精・

気・神についても十分の理解をもっていたことを知ることができよう。なによりも神こそが丹法にとって最重要なものであることを認識していたのである。至人は真人ともいう。

そして黄帝内経《こうていだいけい》を引用し、「恬淡虚無なれば、真気これに従ふ。精神内に守らば、病安《いず》くよりか来たらん」（一二一頁）と説いている。ここには精神（意）を散らさず内に守ること、つまり内観するという心法と真気との深い関係性をはっきり説いているのである。

そして世間一般は主心ということさえ知らず、ましてや主心を内に守ることが大事であることを知らない。その主心に無知であることは、犬馬がその脚力に任せてただむやみに走り回ることと同じであると説いている。


「正念工夫の主心、臍輪気海の間に盤石などを淘居《ゆりす》えたるが如く、凛然として主張する時は、一点の妄念情量なく、半点の思想卜度なくして、天地一指、万物一馬、厚重山の如く、寛大海の如くなる底の一員の大丈夫、仏祖も手を挟む事能はず、魔外も窺い知る事を得ず、日々に万善を行じて以て倦む事なし。謂《いい》つべし。真正報恩底の仏子なりと」（一二二頁）

正念工夫して主心が臍下丹田にしっかりと定まれば、もはや一点の妄念情動はなくなり、思慮もない状態となり、荘子がいうところの天地一指、万物一馬となり、その坐禅をしている姿形はどっしりした山の如くであり広大な海のごとくであるような大丈夫となっているのである。このようになればもはや仏教その他の教説などは入る隙間もない。ただ日々善行を行って倦むことがない。まさにこれこそまことの仏弟子となったということができるのだ。

『遠羅天釜』の記述は白隠禅師の丹法についての実践的思索であるため、重複する記述が多い。しかしここにはっきりと説いているのは、精・気・神という三者の関係性を認識していたこと、そして主心というのはそのなかの「神」の有り様を説いた言葉である。それは丹法において正念工夫することの奥義が、この「神」の理解にあることを自らに問いながら思考している。それは思想・思索のレベルを超越したところにある「神」の認識へと意識レベルを浄化進展させていたのである。

## 白隠の「神気」とはどういうことか

『夜船閑話』序文の末尾に宋代の南宗煉養派五祖・白玉蟾《はくぎょくせん》の『玄関顕秘論《げんかんけんびろん》』から引用し

た丹法の奥義を説いた一文がある。

「大凡《おおかた》生を養い長寿を保つの要、形を錬るにしかず。形を錬るの要、神気をして丹田気海の間に凝らさしむるにあり。神凝る則は気聚る。気聚る則は即ち真丹成る。丹成る則は形固し。形固き則は神全し。神全き則は寿がし。是仙人九転還丹の秘訣に契えり。須く知るべし。丹は果して外物に非ざる事を。千万唯心火を降下し、気海丹田の間に充たしむるに有るらくのみ。」（伊豆山格堂、前掲書、三二頁）

丹法の基本四段階（本書Ⅲ部参照）に照らしてみると、ここに白隠禅師が説いていることは「築基」段階の練功方法を述べたものである。

長寿を保つための秘訣を説くならば、まず体を鍛錬しなければならない。その鍛錬の肝腎なことは、「神気」を臍下丹田に凝集することである。すなわち神を集中すれば内気が集まってくるのである。その内気を練り上げて固めればそこに丹を結成することができる。この丹結が十分になれば体は堅固なものになる。

こうして健康な体を養ってゆけば同時に神は完全なはたらきをしてくれ、「神全（精足・

気満・神旺）」の心身となる。栄養は十分足り、気力は全身に満ち精神活動は活発旺盛となる。こうなれば自ずから長寿となる。これこそ神仙術の秘訣、長生の術なのである。丹ということは水銀その他で作るような外的なモノ（外丹）のことではない。肝要なことは「心火逆上」を滅却《めっきゃく》して意念を臍下丹田に下し内観を保持することである。

この内観を基礎にして、「内観と参禅と共に合せ並《な》らべ貯えて、且つ耕やし且つ戦う者《は》蓋《けだ》し茲《ここ》に三十年」（前掲書、二四頁）という不断の修行を続けてきた、と白隠禅師はいう。こうして内観と参禅学道を双修してゆけばただ単に禅病や労疲を救う養生の働きをするのみならず、坐禅修行の向上をめざし長年工夫していた公案に対しても大成功を得るであろう。なぜならば、己の「心火逆上」に惑わされていた心が、満月の如き心に浄化されてしまっているからである。

丹法においては第四段階に「練神還虚」という禅法の修行を設定しているが、白隠禅師はこの丹法の段階的修行法を熟知していた。そしてこれが坐禅修行の目的である覚醒へと自然に導いてくれる道であると説法したのである。

# 第六章　白隠以後

## 1　白井亨の「練丹」と「天眞赫機《てんしんかっき》」

幕末の剣術家白井亨《とおる》は天真一刀流を創始した日本剣道史上の名人といわれている。千葉周作も白井亨を剣道の特別な達者であると賞賛した。

白井亨は「兵法未知知留辺《へいほうみちしるべ》」を書き残し、ここに天真一刀流の奥義を説いている。もともと白井は幼少より剣術を修練したがその内容は、素早い動作によるのみでただ身心を浪費するばかりの剣術であった。そのため「従容《しょうよう》として敵を制するの術を知らず」ということであった。

考えてみると従来の剣術家は鍛錬して俊秀の剣術家となっても、四十歳をこえればその力も衰えてしまっている。その原因を考えると若いときには敏捷《びんしょう》であっても老齢になると体が硬くなってくる。そのため当然にも動作は鈍くなってしまう。

このように考えた白井はこのまま剣術を続けることの意味を見失ってしまった。二十八歳の時である。その後さらに病気にまでなってしまい郷里に帰ってしまった。そこで旧知を頼って寺田宗有《むねあり》と再会。そして寺田と立ち会いをする。ところが寺田は従容《しょうよう》と応じ、一瞬にして木剣を飛ばされてしまった。白井は全身冷汗を流しまるで夢を見ている有様であった。そこで白井は寺田に教えを請うた。「見性悟得《けんしょうごとく》」以外にないと寺田は答えた。

そこで白井は坐禅や灌水《かんすい》の修行に日夜専心した。当然にも元気虚損《きょそん》して難治の大病に罹《かか》ってしまった。そこでこれでは生んでくれた母親を悲しませるだけであると思い、灌水の修行を棄てて練丹の法に改めた。しかしすぐには従来の灌水の行を棄てることができずそれを頼みとするというようなことを続けていた。そういう修行を心から反省し灌水修行を棄て「練丹の法（丹法）」のみに専修する方へと転換した。

ここにおいて「神を凝し或は称名練丹し或いは誦経練丹し又は撃剣練丹」するという白隠禅師がいう「塵無繁務の間進退揖譲《いじょう》の席」においても片時も「意守丹田」を離れないで修練に勤めたのである。そのようにして二カ月たった。すると元気が臍下に充実し、下腹部が充実したようになり自然と病気も治ってしまった。

その後も何年も寺田と禅問答等の修行をした。ある日「勢法」を比べてみた。白井は「眞空に参じて肢体を忘れる」という状態になった。そこで寺田は白井に印可を与えた。

その後さらにひとりで剣術を通じて練丹修行の真実を独自に極めていった。その結果ついに「眞空の実」を証明体得した。すなわち孟子の「浩然の気」ということと練丹による「眞空を養う」こととは一致していることを知ったのである。そして「天眞の中」に在ることを喩《たと》えれば「水中に魚が在る」ことと同様である。

以上のように白井亭の「天眞」は真気のことを指している。そして「天眞赫機《てんしんかっき》」というのは真気が活発に動き働いていることを指す。これを練丹によって養うこと、これが天真一刀流の奥義である。この「天眞赫機」を宗旨とすることは、撃剣での勝敗を事とすることではない。そうではなくいちずにこの「天眞赫機」を学ぶこと、それに準ずることにある。これ以外のことは些末付随の出来事にすぎないと説いた。

## 2　大森曹玄の「空の現成《げんじょう》」

大森曹玄《おおもりそうげん》は剣道家であり坐禅修行の大成者である。白井亭についても研究し、「剣の道」

は「人の道」であると説いた。では大森曹玄は練丹についてどのように捉えていたのだろうか。

その著『剣と禅』（一九八三年）の中に白井亨のことを紹介している。その中で練丹については、「丹田を錬る」ということは「心を練り精神を修養することであろうと思う」（『前掲書』一一七頁）という。ここでは白井亨が練丹し到達した「天眞赫機」を得るということとは一歩後退したようなことを述べている。

しかしそれより先に出版した『参禅入門』（一九六四年）には、臍下丹田のことについて述べている。坐禅においては、「肉体的な力ではなく、精神的な力を下丹田を軸として全身に横溢《おういつ》させるべきである」（八四頁）、それは「坐に習熟しておのずから凛《りん》々と気力の充実してくるのに任せる」（八五頁）ことである。「気力が凛然とみなぎってくるようにするべきで、無理に肉体的な圧力を下腹に加えるべきではない」（同上）

「要は臍下丹田を中心として全身に気力が遠心的にみなぎるとともに、全身の気力が求心的に丹田に凝集するともいうべきである。そして遠心力と求心力の均衡によって、全身は零の状態、すなわち空を現成《げんじょう》する。しかも気力は凛々として充実した状態である」（同上）と説いている。

大森曹玄は気功を知らなかった。しかしながら気功や丹法を知っていなくとも、坐禅に習熟し達者となれば、臍下丹田の妙用を感覚的に自得する可能性はある。なぜなら真気は生きとし生けるもの、誰にも平等に与えられているからである。ただそれを知ることができないだけである。ちょうど魚が水中にあることと同様、真気が眼前に満ちていることを一般人には見ることができない。これを知るためには心と気の修行、坐禅と気功の修行を行わなければならない。

大森曹玄のような篤実に坐禅修行を行い、さらに剣術という事上鍛錬を繰り返してきた達人には臍下丹田のことについて、気力の充実ということを通して感覚的に自知することは十分可能である。大森曹玄はそのような気づきを実現したまれな達者なのであった。

曹玄は「剣禅一如」の道を歩んできた。その著『剣と禅』の末尾に次のように述べている。「武道とは、死を通じて大活を現成《げんじょう》し、永遠の生命に生きる人生の一大事であり、その体験である」と。

「剣道とは、自己を真実の人間として形成する身心学道」である。「身学道としては、姿勢を正し、呼吸を正して、つとめて後来習態の容計を除き、本来清明の恒体に復すべく、古人のいわゆる剣は瞬息、心気力の一致の境を、懸《か》かり稽古や立ち切りで具体的に身体で学道すべきである」と説いている。

これを解釈すれば、臍下丹田の秘密を事実上知っていたため坐禅と剣道の事上の錬磨を生涯に渡って行い続けたことによって、自ずから「大丈夫」となって「大活現成」を達成したのである。曹玄は「死」つまり「無我」の修練とその達成を通じて、「永遠の生命」にめざめ「大活現成」を実現した真人《しんにん》となったのであった。

## 3 「調和道丹田呼吸法」と「岡田式静坐法」について

「調和道丹田呼吸法」は明治時代藤田霊斎《ふじたれいさい》によって創始されたものであり、現在においても指導・普及されている丹田呼吸法である。藤田霊斎は白隠『夜船閑話』を知人から送られ、その中にある「長息と短息の図解」なるものにヒントを得て、それまでの動作を伴わない長息のほかに、動作を伴う「短息」をも合わせて実修することによって、大いに効果を上げ、多年にわたる身心両面の疾病も完全に治癒したと述べている。

この「短息」を取り入れた呼吸法によって、「精神面の修養」と同時に「肉体面の鍛錬」をもすることができ、「心身一如の方法」として呼吸法を確立した。

調和道丹田呼吸法の目的は、「古《ふるき》を吐き、新《あたらしき》を吸ひ、以《もっ》て臓を練り、意を専《もっぱ》らにし、精を積んで、神に通ずる」ことにある。丹田呼吸法を通じて「神人合一」の境地に至ることが調和道呼吸法の目的である。

そして調和道では、万物の根源を「精気」とする。これは「気」の精妙なるものという意味である。これを「空」、「真如」「実在」と呼んでもいい。「本体として無始無終、宇宙に存在し、現象して万物となる」という。ここにいう「精気」というのは気功・丹法にいう真気に当たる概念であると考えられる。

調和道丹田呼吸法はまず呼吸法がある。その上に「気海丹田」を想定した修練法である。近年では「太陽神経叢」と自立神経の働き（リトル・ブレイン）に注目する方向をも採用している。

「岡田式静坐法」では、「丹田が神性の殿堂である」という。そして歩くのも本を読むのも仕事をするのも、字を書くのもお豆腐を切るのも、「丹田の力」で行う修練を説いたという。究極的には「無為の国に静坐する」ことにある。その修練を続けてゆけば、「天地の春はこの内にみなぎり、人生の力と、人生の悦楽とはこの中に生ずる」（『岡田虎二郎先生語録』）という。

岡田式静坐法は臍下丹田のはたらきを尊重した身心鍛錬法であり、事実上臍下丹田の妙用を積極的に採用した修練方法である。

以上、両修練法はそれぞれ独自性をもつ身心の修練方法で、「臍下丹田の妙用」を基礎にした身心鍛錬法である。ただし気功・丹法の功法は呼吸法のみではなく、静坐法のみでもない。気功・丹法の基本は「身（形）・気・心（神）」を統一する修練法である。行住坐臥、いつでもどこでも修練を行うことができる気の身心鍛錬法である。

## 4　黒住宗忠「道のことわり」について

黒住宗忠《くろずみむねただ》は黒住教教祖である。宗忠は幼少の頃から人一倍孝心が厚い人として成長した。彼が三十三歳の時両親が激しい下痢に襲われた。伝染病であったのかもしれない。二人ともほとんど時期を同じにして死亡してしまった。孝行者の宗忠は傷心やるかたなく、もんもんとした日々を送った。そして翌年の秋宗忠自身も病気になってしまった。年を越えてもその容態は次第に悪化、三年越しの病に罹ってしまった。もはや再起が不可能かという重篤であった。「労咳《ろうがい》」である。

ついには医師も治療を放棄。占ってみると結果は悪く、もはやこれまでと覚悟を決めた。その病床にあって宗忠はふっと、自分が病気になったのは父母の死を悲しみ陰気になったためにこの大病に罹ってしまったのだろうと思い、心さえ陽気になれば病気は治るはずというように考えた。「せめて残る息のある間だけでもそのように心を養うのが孝行だと思い定め、天恩の有り難さに心を向けると、ふしぎなように、その時を境にして病が軽くなった」（原敬吾著『黒住宗忠』参照）

そしてその年の春、入浴し「日拝」した。そして冬至の朝、日拝を一心不乱に行っていると、「太陽の陽気」が全身に満ちわたった。「身に迫ってくる一団の温い玉のようなものを、しっかりと胸におさめ、まるごと飲み込んだ」。すると「何ともたとえようのない、さわやかな、よい気持となった。」それは、「笛を吹き糸しらべ金をたたき鼓を鳴らして歌い舞うとも及びがたい」（『宗忠大明神伝記』）ほど楽しく、快活な気分となったのである。つまり「宗忠はこの時、天地生々の霊機を自得したのであった」。

こうして宗忠は「天命直受《てんめいじきじゅ》」に至ったのである。この体験を宗忠は、「天照大神と同魂同体」になったと解釈した。そして布教するという使命感に襲われ、自ら教えを説き始めた。

この宗忠の体験をここで独断的に解釈すれば、陽光という陽気を全身に浴び、それが身心を通貫したということである。気功においては陽気（正気）を養うことが健康のための基礎である。陰気（邪気）を流し棄てて陽気を養うこと、そのための身心修練法が気功である。

『生命のおしえ』（東洋文庫）の巻末に、「道のことわり」が付録として掲載されている。「凡そ天地の間に万物生々する其の元は皆天照大神なり。是万物の親神にて、其の御陽気天地に遍万せり、一切万物、光明温暖の中に生々養育せられて息《や》む時なし、実に有難き事なり」と冒頭に述べている。

万物が生々と生きていることができるその大本は、「天照大神」すなわち「陽気」にある。この「陽気」が天地に遍満しているからすべての生き物が生きて行くことができるのであるという。

これは事実上、気功にいう「陽気」＝真気が根本的生命力であることを説いていることと同じことである。ただその「陽気」を「天照大神」という呼称にしたと解釈することができる。そしてさらに「体中に暖気」があるのはこの太陽から受けて人々に備っている「心」があるからである。「心」は「こごる」という意味であって、太陽の「気」が凝結して「心」となっているのである。
「人欲」を棄て、「正直」であれば「日神（ひのかみ）」と同じ心になるという。「心は主人なり、形は家来なり。悟れば心が身をつかひ、迷へば身が心を使ふ」。こうして「形の事を忘れ」「日神」の御心にまかせて、有難い、嬉しいというように心を調整し、そして、「御陽気をいただきて下腹に納め、天地と共に気を養ひ、面白く楽しく、（そして）心にたるみ無きように、一心が活きる人も活きるなり」と説いている。

ここで注目すべきは、「御陽気をいただきて下腹に納め」ということである。これは「心」と共に「形」すなわち体のことわりについても軽視する教えではない。黒住宗忠はつねに「臍下丹田」のことを重視した生活・修行を説いたのである。「御陽気を吸うて下腹を張り、日々怠らず年月を重ぬる時は、臍下丹田、金石の如く堅くなる」（前掲『黒住宗忠』六四頁）「御陽気臍下に集合団結すれば、病なく身体すべて健剛なり」という。そして宗忠は「平素坐っている時、手をふところに入れて、手を腹に当ててぐるりぐるりと撫で廻し、又は臍下丹田に手を当てたまま坐っていた」と伝えられている。

以上のことをまとめて解釈すると、黒住宗忠は、第一に太陽の陽気を受けて、「天命直受」したこと、第二にこの陽気こそが生命力の根源であること、第三にこの陽気を臍下丹田に納めることが、心が活発になりその人の人生も和楽の人生を歩んでゆくことができるようになる秘訣であること、第四に、「道のことわり」の教えに忠実に活きてゆくことができれば、「心が神に成り」、当人も「神」と成《な》るという教えを説いた。これを気功的に解釈すれば、陽気を臍下丹田へと導くことは通常の功法にある。そしてその臍下丹田のはたらきを生み出すように修練すること、これは丹法の基本である。

黒住宗忠は「御陽気」によって起死回生の人生を歩み出し、臍下丹田の妙用を常に心掛けて生活・修行を続け、それを教えとした日本近代の稀な宗教者であった。

以上簡略に紹介した黒住宗忠の全体的境涯を簡潔に述べた和歌が残されている。「天照す神の御心人心　一つになれは生き通しなり」。文政十三（一八三〇）年、黒住宗忠五十三歳の時の作品である。

# Ⅲ　気功・丹法の基本要領

# 第七章　気　功

## 1　気の正体について

気の本字は「氣」である。現代日本の常用漢字では気となっている。中国では「气」が用いられている。この字は雲の流れる様子から類推されて用いられている。従ってひとまず気とは大気のようなものということができるが、しかし気は大気のように実体的に存在するわけではない。

人間の呼吸、「気息」という方面から気の正体を考えてみると、生命力ということができる。これは漢語のみならず、ギリシャ語のプネウマpneumaやサンスクリット語のプラーナprānaと意味する内容は同じである。

現代は科学主義の時代である。そのため実体がない、あるいは実体が確定していないものは認めないというドグマが横行している。従って一般的に気を理解することが難しい時代にある。

気は常に流動変化して止まない宇宙的生命エネルギーで、それは混沌《こんとん》としたあるものである。気は無形であるが、それが形象や物質となる、それらを生み出すという本性がある。このことは科学的に証明されているわけではないが、荒唐無稽のことであると言うことはできない。気は物質のみならず、心や情報、個体の生命力というものに変化しているのではないか。

気の正体は不明である。しかし気は人間の活動現場において種々の技法（気功）を通じて活用してきた。養生法、医療、武術、芸術そして修養等の方面に気を活用する方法が開発され伝統的に受け継がれてきた。その経験を基礎に一定の気の法則が解明されてきた。

第一に気は常に変転し止まるということがない。この一瞬には既に新たな気の運動が進展している。

第二に気は「無」あるいは「道《タオ》」と言い伝えられ、そして「無」から「一」を生じた。真気から宇宙世界が生み出されたということである。これは仮説であるが、現代科学でも「ビッグ・バン」の発見があることとも重ね合わせてみると科学的にも意味がある仮説である。

「一」を太極と呼称する場合もある。太極図《たいきょくず》にあるように、その「一」は陰陽の法則に従って運行する。この陰陽は二項対立的二元論ではなく、相補的関係にある。具体的には太陽と月の関係と同様で、太陽も月も相互に関連し合いながらそれぞれの作用を地球に及ぼしている。また東洋医学では「陰陽虚実補捨」が治療の原則にあるが、これも陰陽の気の性質を応用したものである。

気の種類。

真気。根元的一気のこと。元気とも言う。

元気。生命活動の原動力である気。

正気と邪気。正気は人体に良好な気。邪気は人体に悪い影響を与える気。

営気《えい》。人体の経絡《けいらく》中を運行している気。

衛気《え》。経絡以外の人体の体表付近にある気。体表を保衛し外邪に対抗する働きをする。

内気。人体の内側にある気。

外気。気功の運気法を用いて内気を外へ放射した気。テレパシーなど。

道教用語に「炁《き》」の字がある。これは練丹術（丹法）での内気のこと。精と気によって合成されたもの。

## 2　気の感応交流

### 気付き

ここで気の正体は何かという方向から離れて、一般常識的方面から気について捉《とら》えてみよう。

気は目に見えない。人間の普通の五官ではすぐ捉えることができないものである。そうすると気の存在を信ずるか否かということになってしまいそうだがそのように短絡的に論ずることはできない。例えば東洋医学系統の気功療法や鍼灸、指圧という現場の治療においては、その理論、技法、効果ということから気の作用は疑いない。武術や芸能においても同様の作用・効果を発揮している。

それでは普通の生活において気を認識するなんらの方法もありえないのだろうか？　ここで私の身近なことを例に取って考えてみる。

家の近くに湧水池がありそこから流れ出てくる水は澄んでいて様々な生物がいる。この川沿いを時々散歩することにしているが、沢山の鯉が泳ぎ回っている。散歩の途中この鯉と遊ぶことがある。

エサ付けしている時は、手を叩いたりエサ袋をガサガサすれば鯉が近づいてくることはよく知られていることだ。ところがここでエサ遣《や》りではなく何もせずただじっと川縁《かわぶち》の金網に寄り添って立っているだけで辺りの鯉が静かに寄ってくるようになる。

向こう岸の付近でウロウロしている鯉も、私がその方向を注視しているとゆっくりこちら側に寄ってくるようになる。そして流れに流されないように直近まで来て止まっているのを見ることができる。こうしたことは普段エサ付けしていることからくる習性だということもできようが、この解釈に一歩譲ったとしても、それではなぜただ佇《たたず》むだけで遠くにいた鯉は近づいて来るのだろうか? 言葉をかけるわけでもない。手を打つわけでもない。ただじっと泳いでいる鯉を注視するだけである。その中の一匹に目を向けているとその鯉はこちらの方を見るようになる。私が目を逸らすと鯉も目を離してしまう。

こうしたことを考えることは非科学的であると見過ごすことはできる。そういう人はそれでいいだろう。しかし、このことを注意深く考えてみると、これは気の感応《かんのう》交流ということである。気を知るためには「気付く」ということが大切なのである。日常生活においてなにげなく見過ごしていることに気付く感覚の鋭敏化。これがあれば気を知ることができるのである。

### 「天籟」を聞く

荘子《そうじ》は気功の熟練者であり、気功を哲学した智者であった。その著作『荘子』の中に「坐忘《ざぼう》」によって天籟《てんらい》を聞くということを説いている。

「南郭子綦《なんかくしき》、几《き》に隠《よ》りて坐し、天を仰いで嘘《いき》（息）す。嗒焉《とうえん》として其《そ》の耦《からだ》（偶）を喪《わす》るるに似たり。顔成子游《がんせいしゆう》、前に立侍《りつじ》し、曰《い》わく、何《なん》居ぞや、形は固《もと》より槁木《こうぼく》の如《ごと》くならしむべく、心は固より死灰《しかい》の如くならしむべきか。今の几に隠る者は、昔《さき》の几に隠る者に非《あら》ざるなりと。子綦曰わく、偃《えん》よ、亦《ま》た善からずや、而《なんじ》のこれを問うこと。今《い》者《ま》、吾は我れを喪《わす》る、汝《なんじ》これを知るか。汝は人籟《じんらい》を聞くも、未《いま》だ地《ち》籟を聞かず、汝は地籟を聞くも、未《いま》だ天籟を聞かざるかなと」（金谷治訳『荘子』岩波文庫、四〇頁）

名文である。金谷氏の注記を参照して意訳しよう。

南郭子綦《なんかくしき》（荘子）が肘掛けにもたれて坐っている。すると天を仰いでシュイー（噓）と大きく呼吸をした。呆然とした様子で、姿形を失ったかのようである。門人の顔成子游《がんせいしゆう》がその前に立って控えていたのだが、それを聞いて口を開いた。

「どうなさったのですか。体は枯れ木のようにすることができ、心は冷え切った灰のようにすることができるということなのでしょうか。ただいまの肘掛けにもたれかかったご様子は、それまで肘掛けに休んでいたご様子とはずいぶん違うようですが」

子綦が答えた。

「偃《えん》よ、いかにも善きかな、お前の質問は。今の場合、私は忘（喪）我の状態にあったのだよ。お前にわかるかな？　お前は人が吹く笛（人籟）の音を聞くことができようが、まだ大地が吹く笛の音（地籟）を聞いたことはないであろう。大地の笛の音を聞いたことがあったとしても、天の笛の音を聞く経験をしたことはないであろうよ」

すると、子游は、ぜひそのことについて教えて下さいませんでしょうかと、教えを請う。子綦が答えた。

大地が吹く笛の音は、風となってひとたび起これば、りょうりょうと怒号するだろう。

山の尾根はうねりめぐり、大木の間を通ってくる風は、耳や口や鼻の穴のような、細長い酒壺の口や杯のような、臼《うす》のような、深い池のような、狭い窪地のようなさまざまな形をした笛のように鳴り響くだろう。強風、微風が壮大なハーモニーをなして吹き巻いているだろう。お前はいったいそれを聞いたことがないのだろうか。

子游がいう。「それはわかりました。大地の笛の音は、もろもろの穴の音ですね。人が鳴らす笛の音のことはわかっています。しかし天が吹く笛の音がわかりません。どうか教えてください」。

子綦が答えた。

「大地が吹く笛の音も人が吹く笛の音も、その吹き方はすべて違うけれども、その音は皆、それぞれの穴や笛が自分で音を出しているのだ。すべてそれ自身で音が選ばれ出ているのだ。それではこの音自体を出している者、出すように励ましている者はいったい何者なのであろうか」。

以上のようにここで荘子が説いている「天籟《てんらい》」ということ、これは気の響き（気韻）のことを指している。そしてそれを聴き取る敏感な感覚（勘）を目覚めさせることができるか否かである。

他方気の科学的研究の方面からも捉え直してみよう。

## 気の「間人的同調」

気の科学的研究は前世紀後半に集中的になされてきたが、その中で画期的な研究成果が発表された。気功師は外気治療や武術等のように、自ら気を発してその人に影響を及ぼし、その人に一定の心身的効果を引き起こすということができる。これは気の感応交流である。

一九七七年、中国の林厚省《りんこうしょう》と顧涵森《こかんしん》の共同研究でなされた実験がある。赤外線センサーを取り付けた信号増幅器で林厚省が手掌から放出した気を測定した。その結果林厚省の意識と同調するように低周波の変調赤外線が検出されたのである。この実験は気功師が体外に放出した気をはじめて科学的に測定した実験となった。肉眼では見ることはできない気というものが存在すること、その実在性を科学的に証明した実験結果となった。

また品川嘉也が一九八八年に発表した人の脳波の「間人的同調」という実験がある。中国人気功師四人、日本人気功師や武術家四人と気の受け手として気功初心者など日本人十人の合計十八人の脳波実験をした。その結果脳波のトポグラフのデータには明らかに気功師が気を発した時と受け手との間に脳波の同調現象が起こったのである。

この実験結果の意味することとは、人間には個体を超え出た気の生体エネルギー場（「気の身体」）というものがあり、それが間人的に交流している可能性を実証したということができる。

要するに人間は気を通じて自らの身心的作用、それが脳波に反映されるのであるがそれを媒介にして互いに交流することができる。この気の「間人的同調」は従来坐禅修行において言われる「以心伝心」ということにひとつの科学的根拠を与えることとなった。

日常生活においても相手の身心状態を直感（勘）によって知ったり、気配《けはい》を感じたりすることがある。こうした事について脳波の間人的同調を証明することによって、気の感応交流の科学的根拠を得ることができた。

気功に熟練するとこの気の感応交流は、人と人の間のみならず動植物や鉱物、さらには自然的宇宙的変化との交流へと拡大することができるようになってゆく。太陽や月光に敏感に反応し「望気の術」を用いて運気を探るということも一定の修練を経《へ》れば不可能ではない。

## 3　「心斎」ということ

それではこの気を知ることはただ各人の直感に頼るほかないのだろうか。

確かに直感することは重要なことである。これなくして気を認知することはできないと言えるが、しかしそれは個々人の偶然的資質に頼るということではない。数千年にわたる中国文明を通じ気を体認する修錬方法が開発されてきた。

その一例として『荘子』の中の「心斎《しんさい》」を紹介する。孔子と顔回《がんかい》が対談する形式で心斎の価値を説く。心斎の意味は心を浄化することである。

顔回が孔子に質問する。衛の国の混乱を救うために政治的社会的活動をすることの是非を問うた。

孔子は、お前がいかにわたしのおしえを忠実に学んだ一番弟子であっても、いまそうした乱暴狼藉《らんぼうろうぜき》が日常化しているところへいっても、しょせん歯が立たず、死刑にされてしまうだけだ。知識欲や名誉欲の争いに勝てないだろう。あるいは仁義道徳を言い立てて悪事を指摘したとしても、それは自分の立派さを売り物にするだけで、「災いの人」になるだけのことだと言う。

名誉と利益を求める心は、聖人にも起こってくるほどの害毒で、その誘惑にうち勝つほどの力量はまだないよ、と顔回を諫《いさ》める。

しかしそれでもなお顔回は純粋な気持ちで、それではどうしたらよいのかと教えを乞うた。

孔子は、純粋な気持だけでは人を導くことはできないと冷たくつきはなす。

顔回は、それでは内面では教えに忠実で正直を堅持し、外面では柔軟になって相手に合わせてゆく方法で対処してゆきますが、いかがでしょうかと言う。

孔子は、ああ、そんなことでは世間の現実を相手にすることはとうていできない、と手きびしい。

世間はあまりにも煩わしいことが多いので、そんな簡単に相手に応じることは難しい。まして教化することなどできようはずもない。顔回よ、お前はまだ自分の分別知に頼っているからだよ、と孔子は言う。

顔回はもうどうすればいいのか見当がつかない。どうかお教え下さいとさらに孔子に願い出た。

孔子は、斎《いみ》せよ、という。すると顔回は、私は貧乏だし毎日粗食で過ごしていますから斎はできていますがと不審な顔をした。

孔子曰く、それは祭祀の斎のことにすぎない。わたしが言いたいのは、心斎《しんさい》のことだと。

「仲尼《ちゅうじ》曰く、若《なんじ》、汝の志を一にせよ。これを聴くに耳を以《もっ》てすることなくして、これを聴くに心を以てせよ。これを聴くに心を以てすることなくして、これを聴くに気を以てせよ。耳は聴に止まり、心は符に止まるも、気なる者は虚にして物を待つ者なり。唯道は虚に集まる。虚とは心斎なりと」(前掲書、一一三頁)

金谷氏の訳文を引用すると、

「(孔子が言う。)お前はお前の心の働きを統一するがよい。耳で聞かないで心によって聞くようにし、心で聞かないで気によって聞くようにせよ。耳は音を聞くだけであるし、心は外から来たものに合わせ(て認識する)だけだが、気というものは空虚でいてどんなものでも受けいれるものだ。そして真実の道はただこの空虚の状態にだけ定着する。この空虚の状態になることこそ心斎なのだ」（前掲書、一一五頁）

「心で聴く」というのは普通に行っている外面的・対象的認識のことである。「気で聴く」ということは、気と一体となって気の響きを聴くこと、つまり天籟を聴くということである。

ここで顔回はいう。

「よくわかりました。この私がまだそのお教え頂《いただ》けなかったあいだは、まことに私自身の存在を意識していました。お教えを頂けた今となってみると、もともと私の存在などなかったわけです。こういう境涯で空虚の状態といえましょうか」

孔子はそれで十分だと答えた。

続いて、衛の国に入ったらそこでのルールを守り、評判などに気を取らわれるな。意見が求められれば言い、求められなければ言わなければいい。自分の心を柔軟に開かれた状態にして、あとは運命に身を任せるよう世間に処していくことができるようになればほぼそれで完全だ。そうすれば世間事を超えて、「天の仕事」をするように生きてゆくことができるようになるだろうと教え諭《さと》す。

おのれのはからいで事をなす者、賢《さか》しらな人智で事をなす者は多いが、それを捨て去って事に対処する人はほとんどいないものだ。しかし心斎を達成して無の境涯を知った賢人は、自然の真理を覚り、吉祥も自から訪れてくるようになるだろう。

耳目に入ったままをうけとり、分別心を捨てされば、もろもろの神霊が集まってくる。そうすれば当然人々も集まってくるようになる。これこそ「万物を感化する道」であり、中国古代の聖人たちも守ってきた教えであると説いた。

## 4　気功の基本要領

気功とは中国古代より行われていた導引按摩《どういんあんま》、吐納《とのう》（呼吸法）、内丹術《ないたんじゅつ》（丹法）、坐禅などの身体、呼吸、心（意）を手段にして正気を養う自己鍛錬法のことである。それを戦後劉貴珍《りゅうきちん》等の中医関係者が整理し総称した言葉が「気功」である。

正気とは体に良い気のことである。悪い気は邪気。正気は病気に対して自然治癒力を引き出すエネルギーとなって作用してくれる。正気は元気とも言われる。

導引は日本でも戦前まではこの名称で紹介されていた。導引の字義は、気を和らげるように導き、体を柔らかくし引《の》ばすということである。

導引は最も早い時代に行われていた気功でありその功法も非常に多い。中国の先秦時代には動物の動作を真似る体操（倣生《ほうせい》式）のようなものがあった。また、「導引按摩」というように手技を用いた按摩と一体となった功法もある。

気功はそうした修練を通じて全身によい気を廻らせ養う方法である。前節で気を認知する方法として気付きや科学的アプローチについて紹介したが、気功は漸進《ぜんしん》的修練法によって気のはたらきを体得することが目的である。

日本では坐禅はよく知られ、禅宗という宗派まで生み出された。本来この禅という言葉はインド語dhyānaを音写した瞑想法のことで、修行の基本であった。そういう意味で道元が自らの体得した修練内容を「禅宗」という表現を嫌って常に「仏道」と言ったことにも意義がある。

気功においても瞑想は行往坐臥における基本的技法である。そしてその気功修練方法

〈気功の種類〉の上にそれぞれの目的と思想を乗せて流派としている。

## 気功の種類

中国気功の功種を大別し主なものを列記する。

〔静功〕

虚《きょ》静功（心身統一と清浄無為）

吐納功（呼吸法）

存想法（イメージ法）

丹法（内丹術）

坐禅（禅宗の修行法）

静坐法（気功の坐法）

站椿功《たんとうこう》（静立法）

六字訣《ろくじけつ》（呼吸法）、

委気法（リラックス法）

放鬆《しょう》功（リラックス法）

内養功

〔動功〕

導引（最も功法の多いもの。舞踏式、倣生式、体操式がある。例えば五禽戯《ごきんぎ》、易筋経《えききんきょう》、八段錦《はちだんきん》等。）

按摩（自己按摩法のこと。天竺《てんじく》按摩法、老子按摩法等）

拍撃（手掌で叩く）

自発動功（体の自然な動きに任せる）

硬気功（内気を錬り皮膚筋肉を鍛錬する）他

〔動静結合〕

動静結合の修練方法は明代以降に発達してきた気功法の主流である。現在のほとんどの気功は動静結合による。功法の中で動静のいずれを主または従とするのかは難しい。要は静功と動功をバランスよく取り入れて練習することが大切である。

## 気功の二大原則――放鬆《ほうしょう》と入静《にゅうせい》

気功を修練する場合まず静かな場所で行うことが必要である。気の流れは騒音によって大きい影響を受ける性質があるからである。これは初心者には必要不可欠である。気功の上級者であればある程度の騒音があっても惑わされることはない。普段の生活の中で自在に気功状態に自らコントロールすることができるからである。その場合でも騒音の限度がある。

日時や天候そして季節による影響もある。嵐の日や風が強い日、直射日光は避けるようにして錬功するのがよい。着衣は身体を締めつけるようなものは付けないようにする。ゆったりした衣類を付けて練習をすることが必要である。

気功の二大原則は、放鬆と入静である。放鬆は体をリラックスさせることである。全身脱力して全身の力みを棄てるのである。そして全体に円形となるように姿勢をとる。

入静は心の緊張を棄てることである。脳はどんな刺激にもすぐ反応してしまう。特に考え事をすることは脳の緊張を激しく促す。従って入静のためには考えることを停止しなければならない。「無心」と言うことである。しかし茫然自失に陥ることではない。この入静状態は練功によってその要領を自知すること以外に方法はない。

この二大原則を守って、気感を体認することが必要である。

気感ということ。気感は練功中に起こってくる特殊な感覚のことである。例えば、脹れぼったい、むず痒《かゆ》い、冷たい、熱い、酸《だる》い、麻《しびれ》る、あるいは全身が軽くなる、揺れる、浮く、沈む、流れる等の感じが生まれることがある。この感覚はほとんど切れ切れのもので、浮かんでは消え、消えては浮かぶというように現れてくる。

この感覚は気が全身に通じ始めたことの現れである。ただこの気を故意に求めたり、起こってきた後にそれを追求するようなことはしてはならない。自然な気感の動きを内観することが必要である。

## 気功の三調

気功の内容は、流派の功種、功法によって大きく違ってくるが、「調身・調息・調心」は気功の一般的原則である。行住坐臥《ぎょうじゅうざが》いずれの場合でも気功を行うことが出来るように修練する。そしていずれの功法であっても臍下丹田《せいかたんでん》を意守することを基本に「調身・調息・調心」を修練する。

またその目的、養生法（健康法）、武術・スポーツ、人格完成等によって功法や功種は大きく異っている。以下に述べる気功の三調（調身・調息・調心）は養生法を目的としたものである。

(1)**調身**――功法に応じて姿勢（形）を正しくすること、身法を修練すること。特に下半身を安定させることが必要である。そのためには肩の力を抜き、腰を安定させ、背骨・頸骨をゆったり伸ばし、顎を軽く引き胸元を楽にする姿勢が基本である。

そして全身リラックスすること、放鬆である。「鬆」は松の木の形をイメージした漢字である。松の木は様々な姿をしているが、しっかりと根を大地に据えてゆったりと立っている。その姿を理想型にした表現である。全身に〝力み〟がない。気持も緊張を解いている。そしてしっかりとした姿勢が自然にできているという形がよい。

（坐法）――まず気功の静坐法の要領を述べる。基本的な坐法は坐禅での坐り方と同じで、正身端坐することを目的とした坐り方である。

結跏趺坐《けっかふざ》。右足を左の太ももに付け、次いで左足をその上に重ねて右の太ももに付ける。または左足を右の太ももに付け、次いで右足をその上に重ねるように左の太ももに付ける。どちらでも良い。左右交互に坐を組んでもよい。こうして尻と両膝でしっかり安定した姿勢を保つようにする。

結跏趺坐は安楽に姿勢を保つために非常に良い方法である。しかし決して痛い足をガマンするガマン訓練のためにすることではない。当初足が痛い時には坐布（尻当て）を厚く敷いて膝や足への負担を軽くするようにする。坐に慣れてきたら自然に安定した坐りができるようになる。

ただ結跏趺坐することができればいいが絶対的に必要なのではない。健康で無理なく出来る人はこの坐り方がいい。現代人は椅子に坐る生活がほとんどになってしまったので、両足を組むことが難しい人もいる。また身体に故障がある人には結跏趺坐はできない。その場合には半跏趺坐で良い。あるいはアグラの坐り方でも良い。

私の場合まだ壮年時には膝の柔軟さがあり結跏趺坐《けっかふざ》もできていたが、後年になって二十歳代に膝を痛めたことの後遺障害がでてきて結跏趺坐することができなくなってしまった。これでは仕方がないので半跏趺坐《はんかふざ》にしている。こうした障害がある場合ムリをする必要はまったくない。

日本人には正座の坐り方がある。むしろこれが日本人の室内での坐り方の一般的方法だろう。

この日本式正座を坐法に積極的に採用した修養法に岡田式静坐法がある。岡田式静坐法は両足の甲をしっかり重ねるようにして尻を高くし、腰を立てるようにして坐る。そして重心を前に持ってゆき下腹部を少し突き出すようにして坐る。こうして尻と両膝との三点で安定した姿勢を保つようにする。この坐り方を要求する岡田式静坐法は、臍下丹田を強く意識した気功の坐法を採用したと言える。「丹田息は丹田修養の入口であり、静坐の根底である」（『岡田虎二郎先生語録』静坐社）と述べている。

普通の日本的正坐でもよい。この正座法でも足が痛くなる場合がある。それを避けるために、両膝の間に座布団を二つ折りにし挟むようにして敷きその上に跨《またが》るようにして坐ると足の負担が軽くなる。

椅子式の坐法もある。手すりがない少し低めの椅子あるいは台を用いる。椅子の前三分の一あたりに尻をしっかり乗せて腰掛ける。その時両足が床にピッタリと並行に据《す》えることができるように前後を調節する。そして上半身を正しい姿勢に保つようにする。

手は右（左）手の拇指を左（右）掌の中に織り込んで腹側に付けるようにする。あるいは法界定印《ほっかいじょういん》を結ぶようにする。他の流儀もある。舌は上顎に軽く付けて、静かな自然な呼吸ができるようにする。目は半眼とする。

〔立法〕――站椿功《たんとうこう》の静立式である。身体強健法の一種である。

立ち方は両足を並行または少し足先を内側に向けるようにする。少し重心を尾底骨寄りにし腰骨を立てるような姿勢を取る。重心を臍下丹田に合わせるようにする。肩の力を抜いて両手は手掌を身体側に向けて静かに沿わせて下ろす。胸は張り出さずまた凹まさないでゆったりした感じにする。

顔は正しく挙げて両眼は遠くの前方を見るようにする。この時周りを見ているようで見ていない、見ていないようで見ているという正視にする。半眼で行ってもよい。

他の方法として両手両腕を胸の前で風船を抱えるようにして立つ提抱式《ていほうしき》の方法がある。この場合は両膝も少し曲げて中指先を向かい合わせる。重心を下げるようにする。

〔臥法〕――仰臥式《ぎょうがしき》である。低めの適当な枕を頭に添える。座布団を二つ折りにしたものなどでよい。こうして首筋を楽にする。

仰臥してリラックスする。両手は掌を上にして両脇に置く。あるいは両手を合わせて腹部の上に置く。両足は軽く組み合わせる。要は呼吸が楽にできるようにする。そして静かな呼吸をする。途中眠くなった場合はそのまま眠っても良い。これは主として体力が少ない人の養生法のひとつである。

〔歩行法〕――両足を揃えて立つ。両手を腹の前で指先を合わせるようにし肱《ひじ》を開く。顎は少し引く。目は半眼にする。この姿勢を維持しながら摺《す》り足でゆっくり歩く。伝統芸能の能の歩き方をイメージしてもらえばいい。直線の往復と円や楕円を描きながら歩く方法がある。

もう一つは経行《きんひん》。これは坐禅会でも坐を解いて行っている一般的な方法である。足への気血の通流をよくすることができる。目は前方を見て正視する。

(2)**調息**――呼吸法の修練である。呼吸法には自然呼吸と意識呼吸がある。自然呼吸は普通の呼吸である。意識呼吸は呼気を意識的に行う呼吸法である。胸式呼吸と腹式呼吸がある。腹式呼吸には順式と逆式もある。また「胎息」の呼吸法もある。。

調息では呼くことを意識的に行う。吐くことがしっかりできれば吸うことは自然になされる。肺はいわばゴム風船のようなものであり吐き出せば自然に大気圧によって空気を吸い込んでくれるようにできている。

そして呼吸は種々の姿勢や動作と密接に関連しているので、それらと協調して自由自在に行うことができるように修練する。

呼吸法の目的は、第一に新陳代謝を緩慢にすることである。練功において全身リラックスし入静《にゅうせい》すると呼吸や心拍数は穏やかなものになる。酸素消費量は少なく新陳代謝は非常にゆっくりしたものになる。体の消費エネルギーが少なくなるのである。それでも内気は必要にして十分満ちているのである。

呼吸法の第二の目的は、調心する方法でもある。呼吸と意識は密接に関連している。呼吸法を通じて人間は意識状態を変化させることができる。普通に生活しているときでもこのことは確認できる。人は緊張した時には深呼吸をして心を静めようとする。意識的に深呼吸を行えば心が自然に落ち着いてくる。そして集中力も増してくるのである。

呼吸法の第三の目的は、気の流れを調節するためである。外気放射の時や内気の循環を調節するときに呼吸法を用いるのである。特に丹法においては内気を通貫するために微妙に呼吸を調節する。

釈尊や古代インドのヨーガ行者はこのことを熟知していたので呼吸法を自在に用いて修練していた。釈尊の経文として「大安般守意経《だいあんぱんしゅいきょう》」が伝えられている。

腹式呼吸法に呼気時に腹を凹ませる順式と呼気時に腹を脹らませる逆式とがある。これはそれぞれの気功の目的によって用い方が違う。例えば肺の病気がある場合には逆式は危険を伴うほど不向きであるので自然呼吸または柔らかい順式の腹式呼吸法を採用する。静坐法の場合も一時的に逆式を用いることはあっても、一般的には順式または自然呼吸法を用いるようにする。武術において逆式の呼吸法を採用する場合がある。その他ケース・バイ・ケースである。

**(3) 調心**――意識を調整すること。この調心が気功の修練では最も微妙な修練が要求される。調身、調息はこの調心のためにあると言っても過言ではない。

調心によって入静を達成する。入静《にゅうせい》は「意静」とも言う。日本語では「無心になる」という表現がある。

入静は気を認知すること、気付くということを達成する基本功法である。入静によって通常の意識状態よりも深く、深層意識にまで達する。変性意識状態にし、内気をコントロールするのである。

この入静の修練は坐禅と同工異曲と言える。日本での坐禅修行はその宗旨や教義によって、気や気功を認めないことが多い。そのためこのことを理解することが容易ではない。しかし坐禅と気功を双修すればこのことは瞬時に体認することができる。

以上の三調を修練することによって「形・気・意」を統一する。「形」は姿勢のこと、「意」は意識の調整。そして内気を調整することである。こうしてよい気を養い自然で良好な身心状態を達成すること、養気することが気功の基本目的である。そして内気を活発にし気をコントロールすることができるようになればさらに、気のパワーを発出すること（外気放射）ができるようになる。

〈用意の法〉

用意の法とは気功における意識の用い方のことである。練功者の心＝意識を浄化するために入静する。そして「無心」になることが必要である。しかし気功は「無心」で終るのではない。

さらにその入静にある意識と気の働きとを統一する方法を体得すること、それが用意の法である。この用意の法によって意と気が相関し、そこに起こってくる一身上の変化を体認することが必要である。そして目的に応じて心気一如の作用を発揮することが目標である。

〈心法〉

心法を説いたものに江戸時代初期に活躍した沢庵禅師の『不動智神妙録』がある。これは剣術を通じて心法の極意を解説したものである。

不動というのは、木石の如く動かないということではなく、事において自由自在に心を動かしてゆくのであるがしかし、心はどこにもとらわれることがない。その中に仏の智慧がはたらき出すこと、これを不動智と言う。

凡夫は、千手観音を見て一身に千本の手をもっているからということで、なにか御利益があると思い込み拝んでいるようだが、千手観音はそういうことを意味しているのではない。

一つの手が動くことにこだわれば他の九百九十九の手が見えなくなってしまう。一処にこだわらない自在の動きができるような働きのことが不動智なのであり、それを示しているのが千手観音である。

剣術の修錬において、当初は上達するようにあれこれ練習してゆくのだが、長年この修錬を積んでゆくと、ついには自然と初心の時に返ったようになり「無心」になってしまう。これは不動智と一体となった境地をさし、こうして「無心」になりきってしまう。これは手足や体が覚えてしまい、そこにはもはや心意識は入る隙間がない。これほどに上達したことを「至極のくらい」という。

金剛般若経《こんごうはんにゃきょう》にいう「応無所住而生其心《おうむしょじゅうにしょうごしん》」は、諸芸における名人の極意に通じる教えである。

心を無住にすること、心を何かに止めることではなく、自由に放ってやること、「放心」ということが必要だと説いている。

これは自己心を捨てることである。「自分の心」とか「本来心」とかがあるわけではない。すべて空なりである。

物事に関《かか》わることによって心が染まってしまうのを避けるように修行するのは初心者のすることだ。蓮池の蓮華を見よ。泥沼にあっても、蓮華は清々たる気を放って、なにひとつ染まることがない。心もそのように、どこにでも行きたいところへ放てばよいのである。

もう一つ心法の教えを紹介する。貝原益軒は『養生訓』の中で養生法においても心法が肝腎であると説いている。

「身をたもち生を養うに、一字の至れる要訣あり。……（中略）其の一字なんぞや。畏《おそるる》の字是なり。畏るるとは身を守る心法なり」（岩波文庫、二九頁）

さらに「総論下」には、

「養生の術、まず心法をよくつつしみ守らざれば、行われがたし。心を静にしてさわがしからず、いかりをおさえ、慾をすくなくして、つねに楽しんでうれえず。是養生の術にて、心を守る道なり。心法を守らざれば、養生の術行われず。故に心を養い身を養うの工夫、二なし、一術なり」（前掲書、六一頁）

と述べている。

このように貝原益軒は養生のためには心法が必要不可欠であることを説いた。心を養いそのうえに気を調える「養気の術」をもって養生の秘訣とすると述べているのである。

禅宗の「止観法」も心法の一種である。止は雑念を排除し無の境地を達成することである。観とは諦観すること、実相を観ることである。

以上のように心法の極意は、「有為」を超えて、「無為」を達成しさらに無為にして為さざるはないという境地を体得することである。こうして人事百般に自由自在を得る。孔子は「七十にして心の欲する所に従って、矩《のり》を越えず」と述べているが、心法を修練する目的はこの境地を体得することにある。

〈意念と気〉

気功には「意到れば気到る」「神が集まれば気が集まる」という法則がある。神とは深い入静によって現れる純粋意識でありその精神作用のことである。丹法の「精・気・神」の「神」である。

気の動きは意念によって左右することができる。これは錬功を十分積んでゆけば達成することが出来る。しかし初心者が焦って意識でむやみに気を動かそうとしても気をコントロールすることはできない。まず形（姿勢）と気との修練を十分行わなければならない。そして「水は方円の器に従い……」というように気と形との連関を修練しなければならない。

そして意念による気のコントロールをマスターすれば、臓器や器官などの体の部位に気

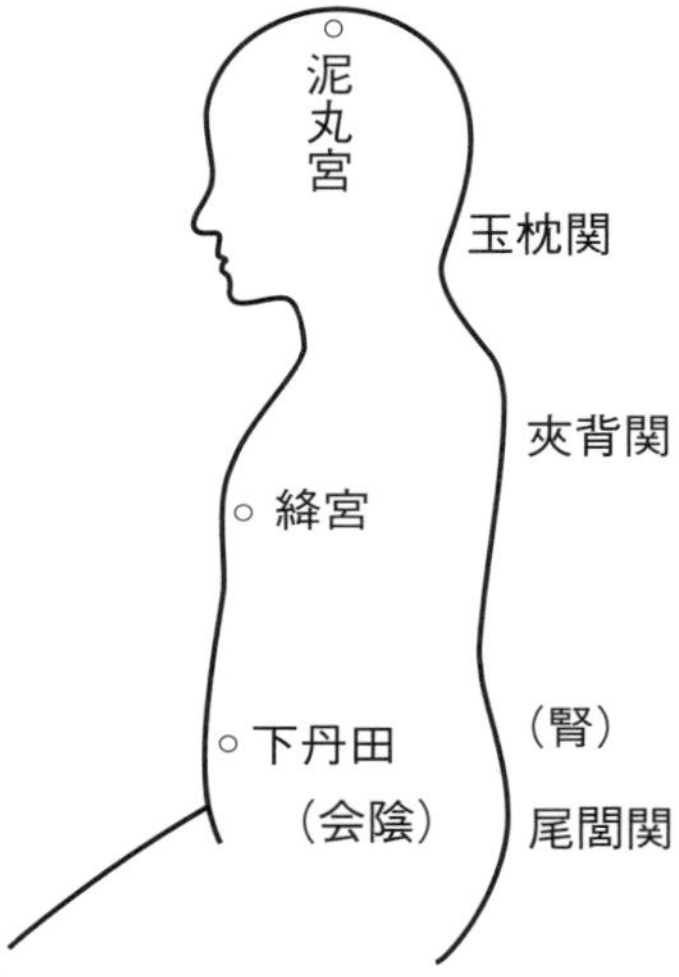


関竅図

を集中することができるようになる。また外部の対象物に向けて気を発功することもできるようになる。芸術芸能、人事百般においても自在に気を通すことができるようになる。

〈意守丹田〉

意守丹田とは一般的には臍下丹田に意を集中することである。意守の基本は　軽く行うことである。この意の強弱、程度は呼吸法と関連しているが、それを「火候《かこう》」という。

臍下丹田（下丹田）は内気を育て養うところである。中丹田は絳宮ともいい胸の所にある。意志や慈悲の心を養うとされている。上丹田は眉間の奥の脳内部分を指し、泥丸宮《でいがんきゅう》とも言われる。ここが開発されると霊智が発揮される。慧眼《えげん》または仏眼《ぶつがん》を開くことになる。

丹田は生命体にのみあるものなので、死体を解剖しても見付けるということはできない。経絡についても同様である。気功に習熟することによってはじめて覚知することができるのである。

〈イメージ法〉

この代表例は白隠『夜船閑話』にある「軟酥《なんそ》鴨卵《おうらん》の法」。滋養のある液体が体を潤してゆくということをイメージする。

気の流れをイメージする。体内の気の流れをイメージする。経絡に順行した流れをイメージすれば内気の流通がスムーズになされる。

「小周天法」の任脈督脈への内気循環は、イメージ法の高級な応用である。

自然の景色をイメージする。自然界の良い景色をイメージして錬功に役立てる方法。その他小さい人物をイメージすることや自然の巨大な現象をイメージすること等々がある。

## 5　気功の目的と効能

### 気は気力なり

これまで気や気功について伝統的な理論や方法について述べてきた。それは先人の深い思索や実践に裏付けられたものであり、人類的叡智の所産と言える。ところが戦後の科学主義とも言える時代に生きてきた私たちには、気という正体不明のものを学問芸術に取り入れることは表面的にはタブーとなっていた。しかも戦前は中国と戦争をしていたわけであるから、中国伝統文化のひとつである気功を受け入れるにはそれ相応の時代的変化や精神的準備が必要だった。

他方科学主義への反動とも言えるのだろうが、オカルト的なものへの傾斜も生まれ出てきた。前世の因縁話をネタにした商売が流行《はや》ったり、「霊媒《れいばい》」などの因縁話が横行したこともある。あるいはＵＦＯとも関連した心霊現象などがマスコミで取り上げられたこともある。

こうした現在の人知では解明することができない現象の一種に気という事象も入れられてしまった。そのため気を世間的・実践的に採用することに躊躇《ちゅうちょ》が生まれたのもやむを得ないと言える。

ところが日本人の伝統的生活感覚においては気はむしろ親しいものとして生かされてきていた。日常言語の中には気配や気配り、雰囲気、気持、気遣い、元気、嫌気、気味が悪い等々ちょっと思い出せばすぐ気の字が付いた言葉が出て来る。それほどに気が用いられた用語が氾濫している。実践的にも気力という言葉がある。日本人には気の概念はこの気力という言葉の方がわかりやすい。

気功というのは気力を養う実践的方法のことである。人間のみならず生物はすべてこの気力が衰え無くなった時死んでしまう。

気力は人の生死のみならず、実際生活のあらゆる場面で用いられている。何をするにも気力がなければ成し遂げることはできない。まず気力を養うことが人事百般何を為す場合にも必要であることは疑いようがない。

また、気功の修得のためには気の正体は不明なままでもいいのである。気功と共に生きること、生活実践の中に取り入れて運用するための技法を体得すればそれでいい。如何にすれば遍満している気を幸福な人生を送るために活用することができるのか、その方法を体得すれば十分である。

気功は学問芸術人事百般に通用する。それを信じて実際生活に応用し、見事に幸福な人生を全《まっと》うすることである。気の存在を信じるか信じないかなどの議論はどうでもいいことである。要は気功を体得しよい気を養って実人生を生き抜いて証明することである。

## 養生法

「養生」を「養気」と言い換えてみれば、その真実の意味を知ることができる。養生するとは、与えられた命を大切にし元気に生活して人生を楽しむことであり、そのための方法を知っていることである。長寿とは長生きして自己の人生の実りを収穫することである。才能ある人の中には短命でよいとする人もいるがそれは傲慢《ごうまん》な考えである。短命では人生の深奥に到達しその妙味を知ることは不可能である。養生法とはそうした高い人間観・人生観に基《もと》づく長生術のことである。そして気功はそのための最高の方法である。

こうした養生の意義を踏まえたとき、はじめて健康と治病のための方法として気功養生法が働いてくれる。今日高齢化社会を迎えており、病気になり、痴呆症、寝たきり等になって病院で人生を終える現状にあることを顧《かえり》みる時、改めて気功養生法の意義について考えてみる必要があるだろう。

## 気功治療

気功治療は、気功によって自然治癒力（自己治癒力）を引き出し増強する治療法。慢性病、生活習慣病、心身症や神経症と言われる症状に大きい効果が認められている。気功治療は中国では戦後数十年、医療機関で実施されており、日本でも一九九〇年以降少数ながら病院や治療院の臨床において用いられてきた。現代医療の長所（検査・外科的技術力・救急医療・薬剤）と提携して二一世紀医療として発展させてゆく東西結合の方向が模索されている。

治療は結局よい気を養うことによって自然治癒力を高めて病原の働きを断つことである。自然治癒力は東洋医学だけに言われているものではない。「現代医学の父」と言われているギリシャの医聖ヒポクラテスは「病を医する者は自然なり」と述べている。ここに言う「自然」とは人間に対立するものではなくギリシャ語のphysisで「天為」とか「神の力」という意味である。ヒポクラテスの医療は、患者が持つ人間本来の「復元力」又は「自然良能力（ponos）」を原理とした治療を唱えていた。欧米の現代医学の中からも「ヒポクラテスに帰れ！」という運動が前世紀後半より起こって来ている。元来ギリシャ医学はオリエント（インド、中国）から伝来したものと言われており、医の原点は同じ所にあった。

現代医学の問題点は近代以降、デカルトの「人間機械論」を哲学とした「解剖医学（死体医学）」やパスツールの細菌医学に基づいた対症療法でしかないことにある。現代医学は救急医療や感染症に対しては非常に有効であるが、内因性の慢性病、生活習慣病、心身症や神経症と言われるものに対しては治癒率は低く、治療は困難なものとなっている。こうした現代医学の限界は医学界の中でも認識されている。このため西洋はもちろん日本においても代替医療・補完医療・統合医療が二〇世紀後半より急速に発展してきたのである。

東洋医学は、本来生命体に基づく医学を構築し、根本療法を主旨としてきた。「病気を診る」のではなく、「人間を診る」のが東洋医学の根本的趣旨である。

気功治療は人間全体を診て治療する全体療法であり、根治療法である。心身全体に良好な気を通し、生命力を旺盛にして病原の働きを抑制し除去してゆく治療方法である。漢方、鍼灸、按摩・指圧も技法は違うが根本原理は同じである。

## 外気治療について

高いレベルに達した練功者が気を他人に発功して治療に役立てる方法。外気放射を布気《ふき》または内気発功ともいう。主として手から気を放射して治療を行う。この治療法は、戦前には日本でも「手当て療法」「神霊療法」「霊手療法」と言った名目で盛んに行われていた。現在では指圧や推拿《すいな》、整体などという治療法がある。

気功は本来自己鍛錬を趣旨としたものであるが、気力・体力が無く自力治療が困難である患者、難治・難病と言われる場合にこの外気治療法を用いてきた。

### 体育競技能力や諸芸の向上

体力・体質増強、持久力向上、情緒安定、緊張緩和作用によって競技能力を向上させることができる。武術・武道面では、気のパワーを発揮すること、発勁《はっけい》は大効ある秘術である。太極拳はその代表例。剣道、柔道、合気道等。また書画や歌唱、舞踊等の上達を促進することができる。これらはすべて気功・丹法を知っているとその上達は早い。そしてその道に精進すれば極意に達する道を発見することができるだろう。

### 潜在脳力を発揮する

直感能力を向上し、明晰な頭脳、学業成績を上げることができる。

現代人は脳力の三%ほどしか働かしていない。潜在脳力の開発。右脳の開発である。

## 人格の完成

気功の大目標は広々とした好い気を養うことである。「浩然の気」（孟子）を養うことにある。そしてこの好気は「我（欲）」を無にすることによってのみ得られる。老子は「知足」の教えを説いた。釈尊は「諸法無我」の教えを説いた。禅宗には「無字の公案」がある。そして気功の究極の目標も人格の完成、「真人」と成ることにある。老荘の道や仏教と気功は矛盾することはない。むしろ一体にして学ぶことができる教えである。

また気功を活用する人格向上の修行は道教や仏教（禅宗や密教）のみではなく、儒教、神道の教えとも一体にして学ぶことができる。中国宋代以降急速に進展してきた「三教一致」の方向である。

# 第八章　丹　法

## 1　丹法の伝来

丹法《たんぽう》は古来「内丹術」といわれてきた。現代では気功の一種＝内丹功といわれている。これは歴史的には神仙術として口訣《くけつ》によって伝えられていた。

道教は丹法と老荘哲学を結合した中国特有のものであるが、宋代の道教南宗煉養派開祖の張白端《ちょうはくたん》が『悟真篇《ごしんへん》』を著し丹法の理論と方法を確立した。

道教北宗煉養派（全真教）の王重陽《おうじゅうよう》も独自的に丹法を採用し、その教勢を拡大していった。以後丹法は南北両宗派を通じて急速に深化発展していった。

『悟真篇』は道教南宗煉養派の必須経典であり、現代中国においても丹法の主要経典として尊重されている。そして現在もこの丹法を修養法や医療・養生法の方面において活用する人士が絶えず、現在も一層の研究応用が進められている。

一方幸いにも日本においては白隠禅師が『夜船閑話《やせんかんな》』や『遠羅天釜《おらてがま》』や「主心《しゅしん》お婆々の粉引歌《こなひきうた》」他の仮名法語によって、この内観法＝臍下丹田の妙用を紹介してくれていた。そのおかげで日本にも幕末以後近現代に至るまで優れた人士によって、この丹法は実践され紹介されてきた。しかしそれらは不十分な紹介に止まっていた。そして一九九〇年代の気功ブームの中で中国気功家が来日した。それは玉石混淆の状態であったが、その中には真摯に伝統的な中国の気功や初歩的な丹法を紹介してくれた指導者がいた。

## 2　丹法の基礎的三要素「精・気・神」について

「精」について。丹法においては精は生命的源泉であり生命的元素のことである。旺盛な精力は青春の活力ともなるものである。そして更に血液や神経や細胞等の身体的生命力のことを精という。

「気」について。気はまず天地を成り立たせ、そこに遍満している真気がある。父母からの先天の気がある。呼吸法によって取り入れた気がある。そして栄衛の内気がある。

また「炁《き》」というのは丹法の築基《ちっき》段階で生まれる「薬」のことを道教龍門派では炁という。炁は精と気が相合してできた内気のことである。

丹法の全過程においては神《しん》を主とする。築基段階から第四段階の練神還虚《れんしんげんきょ》にいたるすべての段階において神を主宰とするのである。

「神」と「心」について。日本語では心的な事柄はすべて心の字で表現する。中国では体用の論理があり、本体である心とその働きである神とを区別して用いる。『悟真篇』に心は寂然不動、それが感応して動くものを神であると説いている。心が根本にあり神は心より生まれ出てくるものという関係である。心は無為にして不動である。それが動いて神となる。心の働きを神という。

神には元神《げんしん》と識神《しきしん》の区別がある。無為にして動くものを元神、有為にして動くものを識神という。無意識に働いてくれる心のことを元神といい意識的に働いてくれる心を識神という。通常私たちの意識状態は識神である。これに対し無意識のうちに働いてくれているものそれが元神である。転ぶときにハッとして思わず受け身の体勢でころんだり、手をついて衝撃を緩和するはたらきのことを元神という。重要なことは元神にある。つまりこの元神の働きを体得する練功方法が丹法である。

元神というのは深層心理学における深層意識のはたらき、「無意識」のはたらきと似たようなものと大雑把にいうこともできる。フロイトが発見し以後近現代になって学問として成立させてきた西洋心理学の事象を、中国古代以来継承してきた丹法においてはすでに実践的学問的に把握していたということができる。

「性功」と「命功」ということ。見性《けんしょう》し真人《しんにん》となることを目的とした気功修練を性功といい、生命力を涵養すること、養生を目的とした気功修練を命功という。丹法においては第四段階「練神還虚」が純粋に性功の修練である。「築基」の段階は養生を目的とした性命双修の修練である。

心法の修練──収心、抱(守)一、入静、意念等。築基段階での心法の修練は、練功中の雑念(妄想)を排除するためである。

私たちの日常生活は妄想(煩悩)の渦中にある。喜怒哀楽におぼれた生活が普通であるという意識状態である。清明なる意識状態での普段の生活を送ることは思いもよらない。愛憎渦巻く生活、これは心に染みついた垢であるためそれを落そうとするような意識が生まれ出てこない。自縄自縛された意識状態なのである。

これに対しそれは愚かなる意識状態であり、その転換を促すことを秘めた修練方法、それが坐禅などの瞑想修業であり、丹法なのである。これは理屈ではない。そのような意識状態に「身心脱落《しんじんだつらく》」して到達すること、これに成功するか否かである。

その意識状態に到達するための練功方法が「入静」である。一般の日常生活者はこの入静の方法を知らないため湧き出てくる妄想を排除することができない。仏道修行の坐禅と気功の入静の違いはその深さの度合いにある。坐禅の目的、気功の目的に応じてそれぞれの心法を採用することである。

気功・丹法の入静の修練は妄想を絶つこと、心の浄化が目的である。静坐法によって収心し寂然不動を達成すること、こうして雑念が生まれ出ないようにする、出てきてもそれをコントロールして排除してしまう方法を体得することが目的である。

「抱一」とは心をひとつのものに専一集中し雑念を排除する方法である。

「内視」ということ。神をコントロールする方法の重要なこととして制眼の修練がある。半眼等によって内面、心を平安にし内観することである。眼は神が浮遊するところであるため神が浮遊すれば心を疲れさせてしまう。そのため制眼して心を安定させるのである。

一般的に半眼の修練をする。人によっては開眼や閉眼で入静する方法もある。制眼して内視すれば精神集中し元気は活発となる。そしてさらに内観することによってすべての想い（想念）は空なるものということを知り妄想も自然に消滅してしまう。心は平安を取り戻すのである。これらが入静の練功である。丹法では深い入静の中で臍下丹田を俯瞰する。このようにして自然に爽快な入静へと到達する。

「意」ということ。意は神の作用である。意念は意識作用のことであり神によって発出する。喩《たと》えれば心は「大脳」であり「脳の機能」が神であり「脳が思惟すること」が意である。この意を用いて「精・気・神」を配合する、意はその媒介作用をするのである。

「意守丹田」。入静中に丹田を守一することを意守丹田という。意識を丹田に置く練功である。その他に「意導」や入静時の「意随気転」ということ等がある。これらは実践的に修得しなければならない。

本来丹法の「精・気・神」は全体的に連関したものであり、三者を個別的に分けるということはできないものである。「精・気・神」の相互調和、転化、合練によって「精足・気満・神旺」を達成し健康体とする（築基）。そして次の本格的な丹法＝練丹の段階、「練精化気」へと入って行く。

## 3　丹法のいくつかのキーワード

「丹」とは元来丹砂（硫化水銀）を原料にして錬金術で造り出す「不老不死」の仙薬のことを指していた。実際中国古代の幾人かの皇帝は方士に命じてこれを作り出す試みを行ったが、しかし失敗が続き死者が続出するという結果となり、唐代以降は廃《すた》れていった。

宋代に入ってそうした外物（外丹）を求めることは否定され、張伯端著『悟真篇』に代表されるように、丹は内面的な丹法の修練によってこそ得られる貴重な宝物であるという認識と方法が確定、そして道教の修行法に採用されることとなった。

丹法は人体を練丹炉に、呼吸を鞴《ふいご》に、気を薬剤に、神を火に見立てて練り上げ丹を製造するという気功の特殊技術である。

練丹とは精と気と神を結合させて練り上げ「薬」とすることである。その練丹の進捗程度に応じて「外薬」「内薬」「大薬」（段階の初級時を「外薬」、この初級の練功が完成した時を「内薬」、次の段階に入った時「大薬」）という。

丹法の周天法には、「小周天」と「大周天」がある。小周天は任脈《にんみゃく》・督脈《とくみゃく》に気を周流させることである。築基段階では任督通貫という。本格的な小周天（任督循環）は丹法の段階的修練の第二段階「練精化気」で行う。大周天はさらに十二経絡、奇経八脈《きけいはちみゃく》全体に内気を行き渡らせ全身に渡って内気を周流させることである（第三段階「練気化神」）。「性命双修」ということ。「性功」は真理を探求するための修練である。「命功」は生命力を充溢賦活させるための修練で一般的には養生法ということである。

道教南宗派は「先命後性」、命功を先に修練し性功をその後に行うことを宗旨としており、北宗派は「先性後命」性功を先に命功を後に行うことを宗旨としている。丹法の段階的修練の「築基」段階では「性命双修」となる。第四段階の「練神還虚」は純粋に性功となる。

## 4　丹法の四段階

まず丹法の段階的修練の全体についてその概要を図式的に紹介しよう。

### Ⅰ　築基《ちっき》

丹法を修練するための基礎作りが目的である。練功は性命双修の方法である。通任督脈（事実上小周天の初歩）を達成する。そしてこの段階の目標は、精足・気満・神旺の三全を達成することである。

Ⅱ　練精化気《れんせいかき》　百日関（初関）。命功を主とする。精・気と神を結合して内気を合成し「薬」とする。有為《うい》の練功。小周天を達成する。

Ⅲ　練気化神《れんきかしん》　十月関（中関）。性功を主とする。「大薬」と元神で合成し聖胎を生む。無為《むい》の練功。大周天を達成する。

Ⅳ　練神還虚《れんしんげんきょ》　九年関（上関）。純粋に性功の工夫である。一神を生む。そして明心見性し最高の境涯に達する、すなわち真人《しんにん》となる。

私が坐禅修行とともに中国気功から学んだものは導引や静坐法、太極拳等であるが、この丹法の段階に照らせば事実上簡略な築基段階の内容である。

小周天は静坐法（坐禅）に習熟しなければできない。私は坐禅独坐の修業においても意識的にこの小周天を練習し修得した。しかしながら初心者が丹法を独習することは避けなければならない。私自身も偏差に陥ったこともある。それは奇妙な身体の変調が夢現《ゆめうつつ》の状態の時に起こった。それは麻薬のように抵抗することができない状態を引き起こす。私の場合は無極静功の薛永斌先生の指導を受けていたのでこの奇妙な状況を報告しそれが偏差であることを指摘していただいた。

そのポイントは意念の用い方を誤ったことである。意念によって内気を導くことを強引に行い、意念を過度に用いすぎた。そこで意念を用いることを止めた。そして自然な静坐法に戻り、内気の流れを静かに見守るようにした。この意と内気との関連を十分把握した上で、小周天法の達成を待った。ある日督脈上にある玉枕関《ぎょくちんかん》辺りに内気を通貫することができた。

こうして小周天の難所を突破して爽快な静坐法の修得に成功した。つまり偏差には注意しなければならないが、それを恐れて静坐法を止めることは間違いである。そういう偏差は練功が未熟であるが故の現象である。その未熟さをしっかり反省し練功に精進することと、この強い意志がない限り丹法を修得することはできない。

大周天は太極拳の上達を通じて達成した。これは四肢末端にいたる全身に内気の運用が自然にできその上に武術としての太極拳をしっかり学ばなければならない。太極拳は本来武術であるから一般的な健康法というレベルで学んでもこうした大周天のことはわからない。やはり本来の正しい太極拳を学ばなければ不可能である。

以上のように私は坐禅修行と気功・太極拳とを併用して入静から清明な意静の境涯に到

達したがそれには十年の修行が必要であった。

四段目の練神還虚の修行は坐禅修行、煩悩と戦う本格的瞑想修業のことである。日本では仏教を中心に坐禅が広まった。達磨大師・中国仏教という過程を経て日本に仏教が伝搬し、坐禅は仏教の修行と一体となって日本では紹介された。そのため坐禅を禅宗の専売特許のように考えがちであるがそうではなく、坐禅つまり瞑想法は道教・神仙術あるいは儒教その他においても基本的な修行法である。

## 「築基」段階の修練は養生が目的

築基ということは建造物でいう基礎造りのことである。土台をしっかり築かなければ安定した良い建物はできない。それと同じように丹法においても、身体の修復をし、丹法の三大要素の中の精・気を補充することが目的である。

初級的な練功といっても、それ自体熟練者による指導によって正しい練功を学ばなければ体得することはできない。練功はすべて精・気・神の三者、これを丹法では三宝といい生命力の三大元素というように尊重しているが、これらを練功によって練り上げ熟成させてゆく修練をする。

「精満・気足・神旺」つまり精力と気力を充実し旺盛な精神力を涵養すること（三全）を達成することを目的にしている。「精満」となれば歯や歯茎は強くなる。「気足」となれば声はボリューム十分のよい声となる。「神旺」は両眼の輝きに現れ出る。これらは青少年期の健康な状態の現れと似たものになる。

一九九〇年代に日本に伝播した気功ブームにおいて紹介された気功はほとんど初級的な気功の紹介であった。文献での飜訳紹介には非常に高度な内容が述べられているものも中にはあるが、それらを実践することはほとんど不可能であった。ただ私が学んだ無極静功ではしっかりした指導者であり、その内容も厳格に正しいものを紹介してくれていた。これはまことに幸運であったということができるだろう。

振り返ってみると当時日本で紹介されていた気功は、ほとんど導引と呼吸法であったといえるだろう。丹法の内気を練る、練気ということを修練するためには静坐法に習熟しなければならない。これは静功の工夫であって一般的な健康・養生を目的とした導引・呼吸法の気功では修練できない。

また当時紹介されていた気功のほとんどは動功である。静功の工夫を行う場合も養生法として補助的に行う練功であった。例えば瞑想法と按摩法を組み合わせたものである。

ただこの組み合わせは坐禅修業者には大変便利な練功である。気功を知らなくとも、坐禅修行のとき瞑想の訓練と同時に読経や経行《きんひん》を行う。これは気功の方面から考えると、内気の滞りによる不快を除去することが目的である。足が痺《しび》れたのを治すということである。気功での静坐法はこうした気血の流通の不具合を調整することを目的に意図的に按摩収功法などを組み合わせて修練するのである。こうしたことが分かるようになってからは、坐禅修業と練功、特に静坐法の意義がはっきりし、私自身の修行は著しい進歩があった。

## 「練精化気」の修練

ここでの主要な修練は小周天法である。身体を錬金術の鼎炉《ていろ》に見立てている。炉は下半身あるいは臍下丹田のこと、鼎は頭部あるいは泥丸宮《でいがんきゅう》（上丹田）のことを指す。臍下丹田から発出した内気を任脈督脈に沿って循環させる修練法である。

任督循環の達成には意念を用いるが、その意念の用い方は微妙であり、気功、瞑想法に十分習熟していなければならない。

## 「練気化神」の修練

この段階の修練は、内気を神に化することである。一神あるのみという段階に達する。ここでは大周天を達成する。大周天は小周天の任督循環からさらに十二経絡、奇経八脈〔陰維脈、陽維脈、陰蹻脈、陽蹻脈、衝脈、任脈、督脈、帯脈の八脈。〕等全身の内気の周流を達成する。全身に内気を行き渡らせることを達成する。

この大周天を達成するに至ると聖胎（金丹）を生ずる。聖胎と言っても有形の胎児のようなものではなく、精・気・神が完全に統合された身心の状態の比喩的な表現に過ぎない。この達成は小周天を達成し錬功を続けてゆけば自ずから達成する時期が到来する。

## 「練神還虚」の修練

丹法の最高の段階であり、理想とする境涯である。

この段階の修練は完全に性功の修練であり、坐禅の修行と同様の修練となる。丹法では「九年関」と言われるほどの修練期間を想定しているが、これは達磨大師の面壁九年の伝説に準《なぞら》えたものである。またこの段階の修練は禅宗と同様覚醒（さとり）を目的としている。

この境涯に到達し生死《しょうじ》を解脱すること、そして自由自在に現世を生きてゆくことができる人、つまり「仙人」あるいは「真人」となることが目的である。一般的に言えば、この真人という境涯に至ることは、釈尊の仏陀（目覚めた人）となることと同様の境涯である。そして日々和楽の人生を歩むこととなる。

## 元神の働きを知ること

丹法を簡略に述べれば、「築基」の修練は自身の健康を全体的に修理回復することが目的である。

「練精化気」と「練気化神」の段階は、小周天と大周天を達成する。すなわち全身によい気を十分に巡らせる。そのようにして自ら生命力を完全に横溢させることである。

「練神還虚」は坐禅修行と同様に心の修行となる。なんのために？　煩悩という大病を相手にすることだからである。煩悩は心の闇の中から湧き出てくる。そこで「虚」すなわち「空」を覚ることによって「元神」の働きを十分引き出す。それによって心の闇から湧き出る様々の煩悩に対処する。

一般の生活者は識神によって生きて行く。世間的繁務において右往左往しながら一生を終える。貧困と富貴、差別、戦争などといったことによって「苦」の日常を送っている。これらが「悪」であることを知っていても普通の人的努力によっては避けることが出来ないという現実がある。

この「苦」や「悪」に対して、「練神還虚」の修練を成就して覚醒へと飛躍する。そしてさらに人格の不断の修行を実践し、凡夫の生活から真人の生活へと転換して行く。「練虚合道」へと不断の修行を続けて行くのである。こうして清静にして悠々とした真人の生き方、和楽の生き方を現世的に実現する。

総括的に言えば、識神に基づく凡夫の生活を棄て、元神の働きのもと深い智慧を発現した生活へと転換するのである。言い換えれば、すべての「苦」や「悪」に対して釈尊の教えの中心となっている勝れた智慧をもって対処する。

以上のように気功・丹法は思想哲学を超越したものである。「気」や「丹」という人知を超え出たものの力に全面的に依存して人事百般に対処する。丹法は元神の働きによって生まれ出てくる「霊智」「霊能」の力を正しく用いることができる真人となるための方法なのである。

概念的に整理する。霊性は仏性あるいは神性と同様の概念である。人知や人為を超出した真気の無限の作用ということである。霊智、霊能とは、霊性が無為の中に真気が感応して元神がその人に作用することである。

気功・丹法の修行を成就し霊性を覚る。覚りとは、この霊性を体験によって自知することであり、霊智は「諸法実相」すなわち「自然法爾」を覚知する全体知であり、霊能はその結果生み出される無限の働きである。

認識論的にも整理する。通常の認識方法は、プラス・マイナス、物質と観念といった二項対立、自己と他者、精神と肉体、自然と人間というように二分した分析的認識の方法によっている。しかしこれは近代以降に一般化した西欧流の認識方法であり一面的なものである。気功は、西洋的身心二元論を超えた、心も体も一体のもの、繋がっているもの、関連しているものという、身心一如の認識方法なのである。

それでは「教え」はなぜ存在するのか？　仏陀（覚者）や真人、聖人といわれた先覚者が残した言行録を、後世が「導きの系」として残したものが「教え」である。その教えのどれを選択するかはその人の自由である。実際道教は、独自的に「神仙の術」として伝来されていた気功・丹法と老荘の思想とを後世が独自的に合体させたものである。いかなる「教え」や思想を採用するのかは、気功・丹法を実践する人の自由である。

# Ⅳ　道教における丹法の展開

# 第九章　道教南宗練養派

丹法《たんぽう》（内丹術）は元来神仙（仙人）となるための修養法であった。神仙は道《タオ》の理を知った真人《しんにん》のことで、道とは宇宙生成の根元である。混沌、太極、玄、無といった言葉に言い換えられる。この道についての哲学・思想を展開した代表が『老子』であり、『荘子』はより現実の生活における真人の有り様を描いたものである。

道が陰陽の原理に基づく真気の動きとして森羅万象を生み出す。「太極図」はその道の道理を表現した模式図である。この真気を人体に採り入れ内気とし、その内気を丹法によって練り上げ丹に変成する。

三国時代の魏伯陽《ぎはくよう》が著述した『周易参同契《しゅうえきさんどうけい》』は丹法の方法と理論をまとめた最初のものである。ここには静坐法による入静の状態で現出してくる内面的現象についてある程度の言及がなされている。しかし丹田や任督循環などの具体的なことは記されていない。

下って晋時代に現れた葛洪《かっこう》（二八四～三六四）が著述した『抱朴子《ほうぼくし》』に、上中下三丹田の部位について具体的指摘がなされている。

随唐時代に外丹への関心が皇帝等の間で高まっていったが、それは〝不老不死〟の薬を求めるという幻惑的虚妄的試みであった。そして外丹を得るために用いた材料は、丹砂などの毒物であったため、それを服用して死亡する者が続出した。そのため外丹術は禁止あるいは否定されることとなったのである。

北宋の時代に入って天台宗系統の儒仏道三教に広く通じていた張白端《ちょうはくたん》（九八四〜一〇八二）が、丹法を本格的に研究し著作『悟真《ごしん》篇《へん》』（一〇七五年）にまとめた。その内容は「意守丹田」や「内気の任脈督脈循環」など丹法の具体的実際的な解明を初めて著述したものである。『悟真篇』は丹法の最重要経典であり、現在に至るまで多方面に大きな影響を与え様々な研究が行われている。

張白端は丹法を神仙の劉海蟾《りゅうかいせん》から伝授された。そして南宗練養派《なんしゅうれんようは》の開祖と位置づけられ、張紫陽真《ちょうしようしん》

**太極図**

人《にん》と称せられる。ただ本人に宗派性はなく真に自由人の生活を送った。弟子には石泰《せきたい》、薛《せつ》道光《どうこう》、陳楠《ちんなん》、白玉蟾《はくぎょくせん》、彭耕《ほうこう》、王金蟾《おうきんせん》、李道純《りどうじゅん》、苗太疏、王志道等がいる。

なお北宗（全真教）は王重陽《おうじゅうよう》（一一一二～七〇）を開祖としている。全真教は「清浄無為、全神煉気」を宗旨とし三教一致論を主張した。勢力的にも大いに発展していった。七祖丘長春《きゅうちょうしゅん》（一一四八～一二二七）はその勢力拡大に大きな貢献をした。彼はジンギスカンとの会見なども行っている。彼は現在の道教龍門派の開祖である。

# 第十章　白玉蟾――丹法の心法を強調

## 1　白玉蟾の業績

白玉蟾《はくぎょくせん》の本名は葛長庚《かつちょうこう》。白氏の養子となって白玉蟾と改めた。字《あざな》は如海《にょかい》、白叟《はくそう》、海瓊《かいけい》子《し》、海南翁《かいなんおう》、涼山道人《りょうさんどうにん》、蛇庵《じゃあん》、武夷散人《ぶいさんじん》、神霄散吏《しんそうさんり》と号した。死後紫清真人《しせいしんにん》を授けられ、世間では紫清先生と呼ばれていた。

彼の生没年については一般には一一九四年から一二二九年となっており、在世は僅《わず》かに三五年にしかならない。しかし彼の著書『指玄集《しげんしゅう》』には自ら「晩年近くになっても頬は紅く、……髭は黒々としており、……六四歳にして……」また、「長年俗塵に縛られて六四年を過ごしたことは誤りであった」等の記述から、在世年は六四年より少ないことはないと思われる。このことはその号として白叟や海南翁そして「晩年」といっていることに相応していると言える。

本籍は福建省の清で、瓊州《けい》（現在の海南島瓊山）である。十二歳の時童子科に入学、詩文書画に巧みで、後世詩文の全集も発行されている。

南宋嘉定帝《かていてい》（一二〇八～一二二四）の時、宮城に招かれ宗旨について太乙宮《たいおつきゅう》で講義したことがある。隠居後は著作に専念した。

白玉蟾は南宗練養派五祖である。陳南とは廬山《ろざん》で初めて会い、一二〇五年（開禧元年）より丹法を伝授された。『必竟頼大地の歌』及び『快活歌』には伝授された時の様子を「開禧元年中秋の夜に香を焚き大地に平伏して相伝した」「風雨の夜、緑青《ろくしょう》の館の床に平伏して、丹法を授けられた」という。

白玉蟾が丹法を伝授された期間は長い。『玄関顕秘論』に自ら述べているところによれば、「（陳南）は刀圭《とうけい》（丹法）を一二一三年の秋の夜より説き始め、一二一五年春雨の降る日に説き終わった」とある。即ち陳南と出会って十年の年月を経て伝授された。

白玉蟾の著作は非常に多い。生前の著作物には『指玄集』『玉隆集』『上清集』『武夷集』等々がある。死後には長元《ちょうげん》編『海瓊問答集《かいけい》』、彭耕《ほうこう》編『海瓊玉蟾先生文集』謝顕道《しゃけんどう》等編集の『海瓊白真人語録』等々がある。彭耕及び留長元は共に白玉蟾の弟子であるが、その他には超汝渠、叶古熙等々がいる。

これらの著作物の中で最も詳しく丹法について述べているものは『指玄集』で、留長元の法系に伝授されたものである。この著作の中に『鶴林問道編《かくりんもんどうへん》』があり丹法の理論と方法について詳しく説かれている。これは彭耕（鶴林）の系統に講義され授けられたもので、ここでは白玉蟾の教えの要点を最も簡明につかむことができる。

張伯端は丹法の枢要なところは秘匿していたが、白玉蟾に至って初めて全面的にその奥義が開示された。宋の時代から明清にかけて丹法の文献は大変多く、その理論と方法は引き続き発展していったのであるが、その核心は五祖白玉蟾が述べたものを超えてはいない。元時代の兪談《ゆだんたん》玥著『席上腐談』には所謂『金丹《きんたん》四百字』や『還原編』『翠虚編』を白玉蟾の著作と述べているが、文章はよく似ているけれどもその根拠は乏しい。

## 2　丹法の心法を解明

北方には、王重陽の全真派が起こり勢力は大きく門人も多いし法系も長く続いたのであるが、丹法の理論と方法の核心においては南宗練養派を超えた所はない。

白玉蟾《はくぎょくせん》の多くの著作は後世の丹法の発展に非常に大きい影響を与えた。また中医学の理論体系にも一定の影響を与え、例えば金元四大家の一人である劉河間《りゅうかかん》の医学理論には白玉蟾の理論が採用されている。

白玉蟾は典型的な三教一致論者である。彼は元々儒学者であったが、道教に改宗した。また広く仏教を学び、特に禅宗について研究したので、「心は三教に通じ学問は九流に徹している」と言われ、彼の丹法の理論の中には禅宗と儒教が融合しているところが少なくない。彼によって丹法の理論の中に三教一致の発展方向が確立した。そして元・明から清代に至るまでこの三教一致の方向はいっそう発展していったのである。

白玉蟾の丹法の発展にとって最も大きい貢献は、その理論方面である。「金丹とは心性の意味である。その本体を道《タオ》といいその働きを大丹という。丹とは道のことであり、道とは丹のことなのである（『指玄集・鶴林問道篇』）」。

白玉蟾による金丹の定義は、張伯端の「一陰一陽これを道という。道は金丹のことである。金丹は道なり」を、さらに心法の方向に一歩前進させた。

彼は心法を重視し、『玄関顕秘論』には「心が即ち道である。故に無心は道と合一することであり、有心は道に違背することである」と述べている。

また白玉蟾は『化書《かしょ》』の中にある「形を忘れて気を養い、気を忘れて神を養い、神を忘れて虚を養う」と説き、「忘」の字に秘訣があることを指摘している。

## 3 「先命後性」を練功の原則とする

このように述べているけれども、練功の原則を述べる時には、彼は張伯端の「先命后性《せんめいごせい》」の命題に戻って、「ここでこの道理を修得しようとするならば、まず形を錬ることであり、形を錬ることの妙は神を集中することである。神を集中すれば気が集まり、気が集まれば丹が成り、丹が成れば形は堅固になり、形が堅固になれば神は完全となる」と述べている。

「丹成《たんせい》」ということについては種々解説したものがあるが、丹法を学ぶ者にとって一番知りたいことは、内丹を修錬した時、身心の状態がどのようになるのかということである。これについて他のほとんどの道教文献では眩惑的な説明しかないけれども、白玉蟾は生理学の合理的立場に立って説明している。

即ち「精を固め、気を大切に養い、神が完全となれば、下丹田の精気は充実し、五臓の気は充溢して来る。これを丹成という」と述べている。

この理論を捉え直してみると、丹法による練功の目的は、精を練り固め、内気を十分養い、神を完全にすることである。これはまさに練丹によって「精・気・神」を充実させ、臓腑を穏和にし、健康で疾病がないようにすること、これを練丹の指標とするということである。ここには非常に具体的で経験的な理論が述べられている。

丹法の用語の意味を理解するのは初心者には難しい。その理由は外丹術の用語であったり、遠回しの隠喩《いんゆてき》的であったりしているからで、もし明確に指摘してくれることがなければ呆然《ぼうぜん》とするのみである。昔の丹法の著作には明確な指摘はなく、練功者がもしはっきり理解することを望むならば、明師の口伝や以心伝心に依らなければならなかった。このことについて陳楠はかつて「明師にめぐり逢わないでも教えに接し、その教えの中にある要訣を正しく学び取ったのであれば、たとえ〝蓬萊《ほうらい》の国〟に辿《たど》りつかないとしても、寿命を延ばすことはできるであろう」と述べている。ここに言う「蓬萊の国」とは「不老長生《ふろうちょうせい》、羽化登仙《うかとうせん》」のことを言っているのであるが、こういうことは幻想である。陳楠が述べていることの意味は、明師に逢うことができない時でも、丹法の教えを求めて修行してゆけば「抗老長生《こうろうちょうせい》」の道を達成することができるということである。

## 4　丹法の要訣

丹法《たんぽう》の教えはほとんどが隠喩的《いんゆてき》なので、それをもとに練功者が自分の体験を経て丹法の方法を知ることは非常に困難である。もし方法を誤って理解し正しい練功を行わなかった場合、偏差《へんさ》は避けられない。

従って白玉蟾は丹法の言葉について正しい理解を持つように練功者《れんこう》を導くことに非常に大きい貢献をした。彼の解釈は簡潔で正確な言葉であり、従来良く出てくる重要な丹法の隠喩的用語に対しても十分通暁《つうぎょう》した解釈を行い、練功者が無理に解釈し練功の方向がわからなくなってしまうことがないように導いている。

例えば「薬物」とか「火候《かこう》」というのは丹法の専門用語であるが、この言葉の明確な解釈はなされてこなかった。白玉蟾はこれをすっきりと解釈し、「薬物とは精と神の合成されたもののことであり、火候とは入静《にゅうせい》することである。この入静という火とこの薬物（精と神）によってなされるのが金液大還丹《きんえきだいげんたん》のことである」と説く。「火は本来五行説の心に属する。そして神は心の作用ということである。神は火であり気が薬物のことである。火候によって薬物を練り成丹《せいたん》するということは、神によって気を制御し成道するということである」と述べている。故に「入静して正気を養い守一《しゅいつ》することが、封炉固済《ふうろこさい》し火候を行うということの意味である」と述べている。「薬物」と「火候」の関係は、入静し意守丹田《いしゅたんでん》して神を集中し気を集めることとなる。

白玉蟾は内丹を鍛錬して起こってくるすべての内面的効果は、入静の中で生み出されてくるという。「動は不動より生まれ、有為は無為より生まれる。……要訣に曰く、精神を集中してはじめて神が集まり、心を滅尽してこそ金丹は生み出されてくる。これは私が体験して得たところのものである」。

これはやや心理的に偏った論じ方をしているが、従来の内丹家はすべて「命功《めいこう》は師の教えに頼ることができるけれども、性功《せいこう》は自ら悟る以外にない」といい、張伯端もこのように説いていた。丹法の各段階は師の指示に従ってゆくことはできるけれども、高度な入静の境涯については、練功者が自得するのを待つしかないということになる。

入静は丹法に終始一貫していなければならず、このことは練功の鍵と言えるのであるがそれは容易なことではない。白玉蟾も自得するということを強調することではないけれども、性功は師が教示することによって安易に悟れるなどということはできないと述べている。

丹法の核心は「心腎交合《しんじんこうごう》」「水火既済《すいかきさい》」にある。このことについては白玉蟾もその師と同じことを述べ心を用いることを重視している。彼は「「潜蔵飛躍《せんぞうひやく》」とは本来心に起こることである」と言う。「潜蔵飛躍《せんぞうひやく》」この四文字が内丹の練功の中で現れ出てくる様々な内面的現象や効果を概括した表現である。彼は「心腎交合」や「水火既済」の効果は入静によって現れてくるものであり、心内に起こる事象であると言っている。「(丹法)とは正しく静定《せいじょう》となり、神を集中することを学ぶことであり、そして怒りを抑え禁欲を守ること、この怒りを抑え禁欲することこそ水火既済のことである」と述べている。

## 5　丹法と禅法は同じことなのか

白玉蟾《はくぎょくせん》はこのように入静《にゅうせい》を強調しているが、それならば丹法と坐禅の違いは一体、どこにあるのだろうか?

これに対し白玉蟾は、「ある者は問うて曰く、この法と禅学とはほとんど同じなのではないかと。そしてこのことを一日中問答しているが、それは無味乾燥な戯論《けろん》に過ぎないことを知らなければならない。あるいはまた長年ただ坐禅をして昏沈《こんちん》しているのは幻空に過ぎないことを知らなければならない」と述べている。

ここに彼は禅機について理屈を述べたり、仏教的精神分析を行うことは無意味であることを指摘した。そしてまた入静しても意守丹田《いしゅたんでん》をしないことの無意味についても指摘を行っている。

## 6　脳内現象に言及

白玉蟾が気功の詳細な理論を述べている中で特に注目しておかなければならないことは、脳の働きに関しても言及していることである。

魏晋《ぎしん》の時代の『黄帝経《こうていきょう》』には大まかなことであれば述べられているけれども、白玉蟾の『指玄集《しげんしゅう》』には重要なことが詳細に明確に述べられている。

例えば「谷神《こくしん》」ということについて、「頭脳には九宮があり……その中の一宮に泥丸宮《でいがんきゅう》がある……元神《げんしん》があるところであり、その空なること谷の如くである。そしてここに神があるために「谷神」という。神が存在して初めて生があり神が亡くなれば死である。神は日中は外物に触れ、夜は夢を見ることになる」。明らかに「その空なること谷の如し」と言っているのは頭蓋のことである。頭蓋の中には脳髄が充たしており、脳髄は意識のあるところであり、そのために「谷神」というのである。

日中外物に触れて生きるということは、考えるということであり、眠れば夢を見ることになるが、これはすべて脳の働きである。故に言うところの「谷神」とは明らかに脳の働きのことである。また「人体の上の方に天谷泥丸がありこれは神を貯蔵している府である。……天谷とは玄宮のことであり、玄神が居るところであり霊性の住むところで、これは神の要なのである」と述べている。

ここには更に一歩進んで霊動感覚や霊性はすべて脳より出てくるものであると指摘している。この「神の要」の「要」というのは中枢の意味であり、全身のすべての感覚や運動能力の根拠なのであり、そのコントロールの中心は脳であるということから「神の要」と説いているのである。

# 第十一章　白玉蟾『玄関*顕秘論』の注釈

## 1　無心によって帰根復命の道理を体得する

〈原文〉一言半句便通玄。何用丹書千萬篇。人着不爲形所累。眼前便是大羅天。着要錬形錬神。須識歸根復命。所以道。歸根自有歸根竅。復命還尋復命關。且如這箇關竅。若人知得眞實處。則歸根復命何難也。

〈読み下し〉一言半句にして便《すな》ち玄《げん》に通ず、何《な》んぞ千万篇の丹書《たんしょ》*を用いん。人若《も》し形《かたち》を為《な》す所の累《たぐい》にあらざれば、眼前便《すなわ》ちこれ大羅天《だいらてん》なり。若《も》し錬形錬神《れんけいれんしん》*を要するのであれば、須《すべから》く帰根復命《きこんふくめい》*が道の所以《ゆえん》なることを識らなければならない。帰根には自ずから帰根の竅《きょう》があり、復命には還《もど》り尋ねゆくべき復命の関《かん》がある。且《しか》もこの関竅《かんきょう》*の如くは、若し人がその真実の所を知得《ちとく》すれば、則《すなわ》ち帰根復命は何《な》んぞ難《かた》からん也《や》。

〈訳文〉本来道《タオ》の奥深いところに到達する方法は、一言があれば十分である。世間には多くの丹法《たんぽう》についての書物があるが、そんなものは必要ではない。

人間がもし体を持っていないのであれば、眼前にある自然界について知れば良いのである。しかし体があり錬形錬神の修錬をしなければならないということであれば、なによりも帰根復命の道理をしらなければならない。そしてその帰根復命を知るためには、人体にあるいくつかのツボ（関・竅）について知らなければならないがそれはけっして難しいことではない。

〈註〉（本文＊参照、以下同）

**玄関**《げんかん》　臍下丹田のこと。玄関顕秘論《げんかんけんぴろん》とは臍下丹田の秘密を説き明かす理論ということ。臍下丹田は臍下約十センチの少し体内に入った部位のこと。正体はない。内気が集まるところで、人体の気の中心と考えられているもの。解剖しても何もないところである。

**丹書**《たんしょ》　丹法（内丹術）に関する書物。

**錬形錬神**《れんけいれんしん》　形は体のこと。神は精神あるいは心の作用のこと。錬形錬神は体と心を鍛錬すること。

**帰根復命**《きこんふくめい》 『老子』第十六章「萬物並び作《おこ》れども、吾以《もっ》て其の復を観る。凡《およ》そ物は芸芸《うんうん》すれども、各《おのおの》其の根に復帰す。根に帰るを静と曰《い》う。是を復命と曰う。復命を常《つね》と曰う。常を知るを明と曰う」に由《よ》っている。森羅万象の根本に帰ることであり、それを静寂という。永遠の宇宙生命に帰ることでありそれを諦観《たいかん》すること。

**關竅**《かんきょう》 関は経絡上の要所、竅は穴位（ツボ）のこと。

〈原文〉故曰。有人要識神仙訣。只去搜尋造化根。古者虚無生自然。自然生大道。大道生一氣。一氣分陰陽。陰陽爲天地。天地生萬物。則是造化之根也。此乃眞一之氣。萬象之先。太虚太無。太空太玄。杳杳冥冥。非尺寸之所可量。浩浩蕩蕩。非涯岸之所可測。其大無外。其小無内。大包天地。小入毫芒。上無復色。下無復淵。一物圓明。千古顯露。不可得而名者。聖人以心契之不得已而名之曰。道。以是知心。即是道也。

〈読み下し〉故《ゆえ》に曰《いわ》く、人が神仙の訣《けつ》*を識る要が有らば、ただ造化《ぞうか》の根《こん》を捜し尋ねゆくのみ。古《いにしえ》に虚無《きょむ》が自然を生じ、自然は大道《たいどう》*を生じ、大道は一気《いっき》*を生じ、一気は陰陽に分かれ、陰陽が天地を為し、天地は万物を生じた。即ち是れ造化《ぞうか》の根なり。此乃《これすなわ》ち真一之気《しんいつのき》は万象之先《ばんしょうのせん》にして、太虚太無《たいきょたいむ》、太空太玄《たいくうたいげん》なり。杳杳冥冥《ようようめいめい》にして、尺寸《しゃくすん》之所《のところ》は量《はか》る可《べ》きに非《あら》ず。浩浩蕩々《こうこうとうとう》として岸の涯《は》てる所を測《はか》る可きに非ず。その大《だい》なること外に無く、その小《しょう》なること内に無し。大は天地を包み、小は毫芒《ごうもう》に入る。上に復《もど》るべき色《しき》は無く、下は復るべき淵《ふち》無し。一物円明《いちぶつえんめい》にして千古《せんこ》に顕露《けんろ》す。不可得《ふかとく》にして而《しか》も名《めい》あるは、聖人*之《こ》の不得なるものを心を以《もっ》てのみ之に契《かな》えり。そして名じて曰く、道《たお》と。是を以て知心が即ち是道《みち》なり。

〈訳文〉従ってもし丹法の秘訣を知りたいというのであれば、森羅万象の根本へと遡《さかのぼ》ってゆくことが必要である。

太古に虚無から宇宙が出現したのであり、そこから大いなる道《タオ》が生まれ出てその道が真《しん》気《き》を生み出した。この真気は陰陽の気に分かれ、その陰陽の気によって天地万物が生まれ出た。これが自然界が出現した根本である。

森羅万象はこの真気から生まれ出るのである。この真気は虚無空玄《きょむくうげん》であり大きさは測ることもできないものだ。真気は天地を覆いこれ以上の大きさはない、またこれ以上小さいものはない。円の如く一全体となっており、生命ある輝きをなして千万年にも及んでいる。

真気は手にとって見るということはできないものだが、それを聖人といわれる人が心を通じてのみ知り得、それを道《タオ》と名付けた。この故にその聖人の心を知ることが取りも直さず道を知るということなのである。

〈註〉

**神仙《しんせん》の訣《けつ》**　神仙術の秘訣。「不老長生」の神仙術（＝丹法）を体得し真理に目覚めた人のことを神仙（通称仙人）という。

**大道《たいどう》**　虚無にして混沌とした状態が形を成立させたもの。宇宙の始源。このタオから陰陽の道理と共に真気が生まれ出たという思想である。道は本体、その作用が真気と言う関係にある。道教の中心概念である。同様の概念として、「一」あるいは「太極」がある。

**一気《いっき》**　真一の気（真気）。通称として気。永遠の宇宙的生命力。森羅万象、自然界の生命あるものは総てこの真気によって成立している。その運動法則が陰陽の原理である。そしてこの真気が人体に通じ流れているものを内気と言う。気功はこの真気の作用、現れ方をコントロールする技法のことである。

**聖人**　修行をすることもなく真理を体得した人のこと。「老子」第二十二章には聖人は、一（道）を抱いて天下の式（模範）となるとある。無為自然の人。

## 2　築基

〈原文〉故無心則與道合。有心則與道違。惟此無之一字。包諸有而無餘。生萬物而不竭。天地雖大。能役有形。不能役無形。陰陽雖妙。能役有氣。不能役無氣。五行至精。雖能有數　不能役無數。百念紛起。能役有識。不能役無識。今夫修此理者。要能充錬形。錬形之妙。在乎凝神。凝神則氣聚。氣聚則丹成。丹成則形固。形固則神全。

〈読み下し〉故に無心《むしん》なれば則《すなわ》ち道《たお》与《と》合《がっ》し、有心《うしん》*なれば則ち道《たお》与《に》違《たが》う。惟此《ただこれ》無の一字あるのみ。無は諸々の有《う》を包んで余すこと無く、万物を生み而《しこう》して竭《つ》きず。天地は大にして能《よ》く形有《あ》ら役《し》むと雖《いえど》も、形を無《な》から役《し》むことは能《よ》くせず。陰陽*は妙にして能く氣を有ら役《し》むと雖《いえど》も、氣を無から役《し》むことは能くせず。五行《ごぎょう》*は至精《しせい》にして数《すう》を有ら役《し》むと雖も、数を無から役《し》むことは能くせず。百念紛起《ひゃくねんふんき》してよく識《しき》を有ら役《し》むと雖も、識を無から役《し》むことは能くせず。今夫《そ》れ此《こ》の理《り》を修するには、能充《のうじゅう》に形《かたち》を錬《ね》ることを要す。形を錬る之妙は、*神を凝《あつ》めるに在り。神《しん》を凝めれば則ち気聚《あつ》まる。気聚まれば則ち丹成《たんな》る。丹成れば則ち形固《かた》し。形固ければ則ち神全《まった》し。

〈訳文〉 故に無心となれば道と合一するのであり、作為《さくい》があれば道に違背してしまう。まさに無の一字に秘訣がある。無は何一つ残さず包み込んでいると同時に、万物を生み出して尽きるということがない。

天地自然の力は確かに偉大なもので形あるものを動かすことができるがしかし、形のないものを動かすことはできないであろう。陰陽の原理は神妙なもので気を動かすことはできるがしかし、道《たお》のように無なるものを動かすことはできない。五行説は精密な理論ではあるけれども、道のように数がないものを動かすことができない。人間の意識は種々の意念を働かせることができても無意識を働かせることはできない。

以上のような道理を本当に知るためにはまず形体の修錬をしなければならない。その神妙な奥義は「神」を集中するところにある。「神」を集中すれば内気が集まってくる。その内気を集めて練り上げてゆけば精錬された内丹ができる。この内丹ができれば全身は堅固で健康な体が出来上がる。そうすれば心は完全に清浄となりその作用（神）が全開することになるのだ。

〈註〉

**有心《うしん》**　作為のこと。

**陰陽《いんよう》**　この原理は伏義が初めて提唱したもの。陰は日陰、陽は日向の意味。プラス・マイナスというような二律背反ではなく、相反する作用でありながら全体の一部であることを保持した相補的関係にある原理である。太極図はこの原理を表示したもの。

**五行《ごぎょう》（説）**　殷王朝（ＢＣ一八〇〇年）の頃から唱えられ、漢王朝の時代に陰陽説と一体になって陰陽五行説として成立した。陰陽二気の運動法則に左右されて、「木火土金水」を究極の構成要素として森羅万象が生まれ出てくるという学説。五行間には相生と相剋の関係がある。中国文化全般に現在も影響を与えている。

**神《しん》**　心の作用（意識）のこと。丹法の基本三要素「精・気・神」の神。

〈原文〉故宋齊邱曰。忘形以養氣。忘氣以養神。忘神以養虛。只此忘之一字。則是無物也。本来無一物。何處有塵埃。其斯之謂乎。如能味此理。就於忘之一字上做工夫。可以入大道之淵微。奪自然之妙用。立丹基於頃刻。運造化於一身也。然此道。視之寂寥而無所觀。聽之杳冥而無所聞。惟以心視之。則有象。以心聽之。則有聲。若學道之士。冥心凝神。致虛守靜。則虛室生。白信乎自然也。

〈読み下し〉 故に宋齊邱《そうせいきゅう》曰《いわ》く、形《かたち》を忘《ぼう》ずるを以《もっ》て気を養い、気を忘ずるを以て神を養い、神を忘ずるを以て虚《きょ》を養う、と。只此れ忘之一字也。則《すなわ》ち是れ無物也。本来無一物《ほんらいむいちもつ》、何処《いずこ》にか塵埃《じんあい》有《あ》らん*、とは其れ斯之《この》ことを謂《い》うなるか。かくの如く能《よ》く此の理を味わえば、まさに忘之一字の上に工夫《くふう》を倣《なら》えば、以て大いなる道《たお》の淵微《えんび》に入る可し。自然の妙用を奪い、丹基《たんき》*を立てた頃刻《ころあい》において、造化《ぞうか》は一身において運《めぐ》らん。然《しか》しこの道《たお》は、之を視るとも寂寥《じゃくりょう》にして観る所なし、之を聴くに杳冥《ようめい》にして聞く所なし。ただ心を以て之を視れば則ち象《かたち》有り。心を以て之を聴けば、則ち声有り。もし学道之士《がくどうのし》が冥心《めいしん》して神を凝《こら》し、虚《きょ》に至って静を守れば、則ち虚室生白《きょしつしょうはく》*なること信《まこと》にして自然《じねん》なり。

〈訳文〉 宋齊邱は次のように述べている。体のことを忘れ、気のことを忘れ、心のことを忘れて虚を養うことが必要である。このように忘という一語に意味があるのである。

忘の意味は何物もないということである。いわゆる本来無一物、いずこにか塵埃あらんというのは、このことを言ったのである。

ここに述べているように忘の一語について十分工夫してゆけば道《タオ》の深奥に入ってゆくことができ、その妙用を得ることができるようになる。

築基《ちっき》を達成し頃合いを待てば、自然と真気が体の中を運行することを知ることが出来るようになる。これが丹法の道理である。この丹法の道理は見ることも聞くこともできない。ただ心を通じてのみ体得することができるのである。丹法を修得するためには、無心になり虚となり静定を守ってゆくことが肝要である。そうすれば作為は生まれることはなく、丹法の道理を悟ることができるだろう。

〈註〉

**本来無一物《ほんらいむいちもつ》、いずこにか塵埃《じんあい》あらん**　禅宗第六祖慧能の言葉。

**丹基《たんき》を立てる**　築基ということ。

**虚室生白《きょしつしょうはく》**　虚白とも言う。心を空しくすれば自ずから真理に到達するという意味。

## 3 森羅万象の霊性を覚る

〈原文〉惟太上度人。教人修煉。以乾坤爲鼎器。以烏兎藥材。以日魂之升沉。應氣血之升降。以月魄之虧盈。應精神之衰旺。以四季之節候。應一日之時刻。以周天之星數。應一爐之造化。是故。採精神以爲藥。取靜定以爲火。以靜定之火。而煉精神之藥。則成金液大還丹。蓋眞陰眞陽之交會。一水一火之配合。要在先辨浮沉。次明主客。審抽添之運用。察反覆之安危。如高象先云。採有日。取有時。劉海蟾云。開闢乾坤造化權。煆煉一爐眞日月。能悟之者。效日月之運用。與天地以同功。夫豈知天養無象。地養無體。故天地長久。日光月明。眞一長存。虛空不朽也。吾今則而象之。無事於心。無心於事。内觀其心。心無其心。外觀其形。形無其形。遠觀其物。物無其物。知心無心。知形無形。知物無物。超出萬幻。確然一靈。

〈読み下し〉惟《おもんみる》に太上には人を度するに人に修練することを教えるのみ。乾坤《けんこん》を以て鼎《てい》器《き》となし、烏兎《うと》を以て薬剤となす。日魂《にっこん》の昇沈を以て応《まさ》に気血の昇降となし、月魄《げっぱく》の横溢を以て応に精神の衰旺となす。四季の節侯を以て応に一日の時刻となし、周天の星数を以て応に一炉の造化となす。是故に精神を採し以て薬となし、静定を取って以て火となす。静定之火を以て精神の薬を錬れば則ち金液大還丹《きんえきだいげんたん》を成す。蓋《けだ》し、真陰真陽《しんいんしんよう》の交会は一水一火の配合なり。先ず浮沈を弁《わきま》え、次に主客を明らかにし、抽添《ちゅうてん》の運用を審《つまびら》かにし、之の安危《あんき》を反覆して察することを要す。高象先《こうしょうせん》が日有るを採って時有るを取ると云うが如し。劉海蟾《りゅうかいせん》は乾魂造化《けんこんぞうか》の権を開闢《かいびゃく》して一炉の真日月を鍛錬すと云う。能く之を悟る者は、日月之運用を効《はたら》かしめ、天地と共に以て功を同じくす。夫れ豈《あに》天は無象を養い地は無体を養うが故に、天は長く地は久しく、日は光り月は明にして、真一の気は長きに存し、虚空《こくう》は不朽なることを知らんや。吾今則ち之を象《かたど》るに、心において無事にして、事において無心なり。その心を内観すれば、心はその心を無とす。其の形を外観すれば形はその形無きなり。その物を遠観すれば物にその物は無し。心は無心なることを知り、形は無形なることを知り、物は無物なることを知る。萬《よろず》の幻を超出して一霊は確然《かくねん》たり。

〈訳文〉　昔はその道理を考えることもなくただ修行することのみであった。臍下丹田を錬丹の鼎器のように見立て、内気を薬剤に見立てたのである。太陽が昇沈するように陽の気が昇降し月の満ち欠けのように陰の気が精神の衰旺をもたらすと考えた。四季や星座の変化に似せて内丹の変化と考えたのである。内気を薬剤に見立て心を静定（定心）にすることを火に見たてる。こうして静定という火によって精神的薬剤つまり内気を練り上げてゆくことを金液大還丹と言ったのである。

このことを陰陽五行説で考えてみると、陰の気と陽の気が交わるということは、水と火の配合になる。そこでその衰旺と主客を分別し火勢の強弱を慎重にして安定した修錬ができるようにすることである。これは高象先が日時を測るといい、劉海蟾が天地自然の変化に対応して錬丹するという意味である。

以上のことを完全に悟ったならば天地自然と同様に陰陽の気の効果を得ることができる。まさに天地自然は姿形がないものを養っているがゆえに永久なのであり、真気は永遠に存在し、虚空は朽ちることがないのである。

言い換えれば修錬する時は心に何らの障害もなく、何かをする場合は無心になることである。その時の自己の心を内観すれば心にはもはや何かを為《な》そうという心はない。そして自己の姿形を見ることもなく、物体を見てもその物体は存在しないことを知ることができる。無心、無形、無物なり。心、体、物体があると思うのはすべて幻影である。そういう幻影を透過してみれば、あるのはただ霊のみである。

〈原文〉古經云。生我於虛。置我於無。是以歸歸性根之大始。反未生之已然。藏心於心而不見。藏神於神而不出。故能三際圓通。萬緣澄寂。六根清淨。方寸虛明。不滯於空。不滯於無。空諸所空。無諸処無。至於空無所空。無無所無。淨躶躶。赤麗麗。地則靈然而獨存者也。道非欲虛。虛自歸之。人能虛心。道自歸之。道本無名。近不可取。遠不可捨。非方非圓。非内非外。惟聖人知之。三毒無根。六慾無種。頓悟此理。歸於虛無。

〈読み下し〉古経に言う、我《われ》虚において生じ、我無において置かる。是は以て性根の大始に帰ることなり、未生已前《みしょういぜん》に反ることとなり。心に心を蔵《かく》して見ず、神に神を蔵して出ず。故に三際《さんざい》*に円通す。萬縁澄寂《まんえんちょうじゃく》、六根《ろっこん》*清浄《しょうじょう》、方寸虚明《ほうすんきょめい》なり。空に滞まらず、無に滞まらず。空は諸処に空なり、無は諸処に無なり。空に至って空なるところはなく、無は無なるところはなし。浄きこと裸々にして赤麗々なり。地は則ち霊然として独存するなり。道（タオ）は虚ならんと欲さずして虚は自ずから之に帰す。人よく虚心なれば道は自ずから之に帰する。道は本《もと》名無し。近きに取ること不可なり。遠くに捨てること不可なり。方にあらず、円にあらず。内に非ず、外に非ず。ただ聖人のみ是を知る。三毒*に根無し、六欲に種無し。この理を頓悟《とんご》すれば、虚無に帰するなり。

〈訳文〉古い経文にも説いている。我らは虚無に生まれ虚無に生かされてある。ということは道の本源に帰っているということであり、生まれ出る以前に戻ることを意味している。こうして作為ある心を表出せず、自己の心を抑制することによって自然と人間の深奥に到達することができるようになる。あらゆる物は澄みきっており、六根清浄、心も清明となる。空無に止まり拘っていてはならない。森羅万象は赤裸々な様相を示し、大地は霊然として実在しているのだ。

道は本来的に虚なるものであり、修行者は虚心になってこれをみれば、自ずから道と一体となることができるのである。

道は本来無名である。近くにあっても捉《とら》えることはできないし、遠方に捨て去ることも出来ない。四角ではなく丸でもない。内外の区別もない。ただ聖人のみが三毒六欲がないためにこの道理を体得して道と一体となることができたのである。

〈註〉

**三際**《さんざい》　三才。天・地・人のこと。

**六根**《ろっこん》　眼耳鼻舌身意の性根。

**三毒**《さんどく》　貪（貪り）瞋（怒り）癡（愚かさ）の三毒。

## 4　丹法の実際

〈原文〉老君曰。天地之間。其猶槖籥乎。虚而不屈。動出愈出。若能於靜定之中。抱冲和之氣。守眞一之精。則是封炉固濟以行火侯也。火本南方離卦。離屬心。心者神也。神、則火也。氣、則藥也。以火煉藥而成丹者。卽是以神御氣。而成道也。人能手搏日月。心握鴻濛。自然見槖籥之開闔。河車之升降。水濟命宮。火漑丹臺。金木交併。水土融和。侘女乘龍。金翁跨虎。逆透三關。上升内院。化爲玉汞。下入重樓。中有一穴。名曰丹臺。鉛汞相投。水火相合。纔若意到。即如印圏契約也。自然而然。不約而合。有動之動。出於不動。有爲之爲。出於無爲。當是時也。白雪漫天。黃芽滿地。龍吟虎嘯。夫唱婦随。玉鼎湯煎。金爐火熾。雷轟電掣。撼動乾坤。百脉聳然。三關透徹。玄珠成象。太乙歸眞。泥丸風生。

絳宮月明。丹田烟暖。穀沼波澄。煉成還丹。易如反掌。七返九還。方成大藥。日煉時烹。以至九轉。天關地軸。在吾手中。

〈読み下し〉（太上）老君曰《いわ》く、天地の間は其《そ》れ猶《なお》橐籥《たくやく》の如しか。虚にして不屈、動き出て愈《いよいよ》動き出す。もしよく心の静定において冲和《ちゅうわ》の気*を抱き、真一の精を守れば則ち、これは封炉固済《ふうろこさい》*のことにして、もって火候《かこう》*を行うなり。火はもと南にして、離の卦なり。離は心に属す。心とは神《しん》なり。神は則ち火なり。気は則ち薬なり。火を以て薬を煉って成丹《せいたん》すること、則ち是は神を以て気を御《ぎょ》することにして、成道《じょうどう》のことなり。

人よく手で日月を搏《う》ち、心で鴻濛《こうもう》*を握れば、自然に橐籥《たくやく》*の開闢《かいびゃく》を見る。河車《かしゃ》*は昇降し、水は命宮《めいきゅう》*を済《たた》え、火は丹台《たんだい》*に溉《そそ》ぐ。金と木は交併《こうへい》し、水と土は融和する。侘女《たじょ》は龍*に乗り、金翁は虎*に跨る。三関《さんかん》を逆透し上昇して内院*に至る。化して河車《かしゃ》となり、下って重楼《じゅうろう》*に入る。中に一穴あり、名付けて丹台という。鉛汞《えんこう》を相い投じ、水火相い合する。意到るとは、即ち契約に印圏するが若し。自ずから然にして然なり、不約にして合す。有動の動は不動にして出、有為の為は無為にして出る。まさに之れ時なり。白雪*は天を漫《みた》し、黄芽は地を満たす。龍吟虎嘯《りゅうぎんこしょう》す。夫唱婦随、玉鼎湯煎《ぎょくていとうせん》、金炉火熾《しょく》し、雷轟電掣《らいげきでんせい》し、乾坤を撼動《かんどう》し、百脈を聳然《しょうぜん》とし、三関は透徹し、玄珠《げんじゅ》は成象し、太乙は真に帰り、泥丸に風を生じ、降宮は月明にして、丹田は温暖にして、穀沼は波澄む。煉成還丹《れんせいげんたん》は掌を返すが如くに易しい。七返九還して大薬を方成すれば、日に煉り時に烹《い》れば、もって九転して天関地軸は吾が手中にあり。

〈訳文〉　老子も述べているが宇宙にある真気は鞴《ふいご》のようなものだと言えるだろう。真気は虚（空）なのであるがまったく強靭なもので、動き出せばますます動き出してゆくという性質をもっている。そこで心を静定にし穏やかな内気を保ってゆくことを封炉《ふうろ》というが、ここで火候《かこう》ということが肝腎なことである。

　火候とは火加減のこと。五行説によれば、火は離であり離は心に相当する。心の作用は神ということである。神を火とし内気を薬剤とする。火を用いて薬剤を練り上げて丹とすることとは神を用いて内気を制御することである。こうして道と合一することができるのである。

　修練によって陰陽の気をコントロールし心によって真気を体得すれば、宇宙の根本に帰ることができるのである。

内気が任脈督脈《にんみゃくとくみゃく》を周流するようになれば、腎水は命門穴《めいもんけつ》を潤す。この時意念を丹田に濯《そそ》ぐようにする。そうすれば人体全体に内気は廻ってゆき、神と内気が相交わってゆくことになる。丹田からの内気が背骨に沿ってある尾閭関《びろかん》、狭脊関《きゅうせきかん》、玉沈関《ぎょくちんかん》の三関を通り抜けて脳内に入り、意識はより純粋な意識となってゆく。内気はさらに任脈を下って臍下丹田に戻ってゆく。このように内気と意念を混ぜ合わせて練りあげてゆくのである。そうすれば間違いなく丹を生成することができるのである。

修錬の途中、任脈督脈に内気が通貫してゆくと、眼中に光芒が起こったり、精・気・神それぞれは活発となり、一時臍下丹田が熱湯を沸かしたかのように熱くなったりする。雷鳴が轟くような幻聴が現れたりする。この時しっかり意識を保持してゆけばここを通過し、体はしっかり不動の状態となり、意識は無為の状態となる。そして時節到来すれば内丹は完成する。その時には脳内には爽やかな風が吹いているように涼しくなり、臍下丹田の辺りが温暖になる。そして意識は清澄な状態となり心は山間の沼のように静かな境地を味わうことができる。

このように丹法は自己の掌を返し見るが如くに易しいことなのである。こうして練り上げてゆけば、天地万物はわが掌中にありというような心境に到る。この時完全なる悟りを達成するのである。

〈註〉

**冲和の気**《ちゅうわき》　穏やかな内気。

**封炉固濟**《ふうろこさい》　内気が外に漏れでないようにすること。

**火候**《かこう》　火加減の意味。この火候は丹法の秘訣である。実際には意念によって呼吸の強弱を按配することである。呼吸には文火（軽い微細な呼吸）と武火（激しい強い呼吸）がある。

**鴻濛**《こうもう》　真気のこと。

**橐籥**《たくやく》　鞴の意味。ここでは森羅万象を鞴に喩えたもの。

**河車**《かしゃ》　河車搬運のこと。内気が任脈督脈を周流すること。

**命宮**《めいきゅう》　命門のこと。

**丹台**《たんだい》　丹田のこと。

**内院**《ないいん》　泥丸宮のこと。脳内の中央、視床下部の上の辺りの部位のこと。

**重楼**《じゅうろう》　ノドまたは気管のこと。

**鉛汞**《えんこう》　龍虎と同じ。鉛（虎）は精や内気のこと、汞（龍）は神のこと。

原文の「白雪漫天《はくせつまんてん》」以下は、任脈督脈に内気が通貫した時の身心の変化を表現したもの。

〈原文〉經云。人能常清浄。天地悉皆歸。則是三花聚頂。五氣朝元。可入聚妙之門。玄之又玄也。更能晝運靈旗。夜孕火芝。温容聖胎。産成赤子。至於脱胎神化。回陽換骨。則是玉符保神。金液錬形。形神倶妙。與道合眞者也。

〈読み下し〉経にいう、人よく常に清浄なれば、天地ことごとく回帰する。則ち三花頂《さんかちょう》聚《しゅう》*、五気朝元《ごきちょうげん》*し、衆妙の門に入るべし。玄のまた玄なり。さらによく昼には霊旗《れいき》を運らし、夜には火芝《かそう》を孕《はら》み、聖胎《せいたい》を温養すれば赤子を産成する。回陽して神に化し換骨脱胎《かんこつだったい》*すれば則ち玉符《ぎょくふ》は神を保ち、金液は形を錬り、形神ともに妙となる。こうして道と合することと真なり。

〈訳文〉経文にあるように、人は身心の清浄を保っていれば自然と天地と一体となることができる。内丹術（丹法）によって精・気・神を練成した内丹を頭頂に通し、五臓の内気を集めることが出来るようになれば、玄妙な門に入ってゆくことができる。日中には自由自在に真気を働かせ夜には内気としてそれを温養する。こうして聖胎を養ってゆけば自然に丹法の効果がはっきり現れ出てくる。そこで陽気をさらに廻らし、換骨奪胎《かんこつだったい》すれば、明敏な意識状態が生み出されてくるのである。さらに一層金液によって形を練り上げてゆけば、身心共に玄妙なる状態にはいる。こうしてこの金液還丹を繰り返してゆけば真実、道と合一することができるのである。

〈註〉

**三花聚頂**《さんかしゅうちょう》　精の玉花、内気の金花、神の九花を総称したもの。この三つの花が上丹田（内院）に集まること。

**五気朝元**《ごきちょうげん》　五臓の氣。魂（肝）神（心）意（脾）魄（肺）志（腎）の五気。元は上丹田のこと。五臓の気が集まって聖胎を生み出すこと。

**換骨奪胎**《かんこつだったい》　身も心もすっかり入れかわること。

〈原文〉張平叔曰。都於來片餉工夫。永保無窮逸樂。誠哉。是言。蓋道之基。徳之本。龍虎之宗。鉛汞之祖。三火所聚。入水所歸。萬物朝會之門。金丹妙用之源。乃歸根復命之關竅也。既能如此。則慾不必遣而心自淨。心不必澄而神自清。一念不生。萬幻倶寢。身馭扶搖。神遊淡漠。方知道風清月白。皆顯揚鉛汞之機。水緑山青。盡發露龍虎之旨。

〈読み下し〉　張平叔《ちょうへいしゅく》＊いわく、すべからく片餉《へんしょう》の工夫をいたせば、無窮の逸楽を永く保つと。これ誠なり。この言は、けだし道の基なり、徳の本なり。龍虎の宗なり、鉛汞《えんこう》の祖なり。三火の聚《あつ》まるところ、入水の帰するところ、万物が朝会する門なり。金丹妙用の源なり。すなわち帰根復命の関竅《かんきょう》なり。すでによくかくの如くなれば、即ち欲心を遣《つか》わずして心自ずから浄なり。心は澄ますことなくして神自ずから清し。一念不生にして、万玄はともに寝み、身を馭して扶揺し、神遊すること淡にして漠なり。まさに道を知れば、風は清々しく、月は白くして、皆く鉛汞《えんこう》の機《はたら》きを顕揚す。水は山に縁《よ》って青く、ことごとく龍虎の旨を発露し尽くす。

〈訳文〉　張平叔はわずかの工夫を続けてゆけば最上の安楽を保って生きてゆくことができると述べている。ここに説いたことは丹法の道の基本なのである。精・気・神と腎水が集まる臍下丹田は万物の出会うところであり、金液還丹の妙用が発揮されるところである。以上が帰根復命を実現する秘訣なのである。

これを達成すれば心は欲するところなくして自ずから清く澄み渡り、神は澄ますことなくして清々としてくる。一念不生。なんらの幻影も起こってこない（煩悩は滅尽している）。体は自由自在に動いて、心は淡白にして広々とした境地になる。こうして道の真実を知ることができれば、風は生々とし月は白く輝き、内丹（丹法）の功果を生み出してくれる。山は青く水は清く澄んでいる。陰陽の気はその妙用を発現し、天地自然と一体となって生きることができるようになる。これが丹法の奥義である。

〈註〉

**張平叔**　張白端のこと。紫陽真人と称されている。九八三年生、一〇八二年没。南宗煉養派の開祖。主著は『悟眞篇』。

## 5　三教一致

〈原文〉海南白玉蟾。幼従先師陳泥丸。學丹法。毎到日中冬至之時。則開乾、閉巽。留坤、塞艮。據天罡。持斗柄。謁軒轅過扶桑。入廣寒。面鶉尾。擧黄鐘。泛海槎。登崑崙。佩唐符。撼天雷。遊巫山。呼黄童。召朱児。取青龍肝。白虎髄。赤鳳血。黒龜精。入土釜。啓熒惑。命閼伯。化成丹砂。開華池。吸神水。飲刀圭。従無入有。無質生質。抽鉛汞。結成聖胎。十月既満。氣足形圓。身外有身。謂之胎仙。其訣曰。用志不分乃化凝神。灰心冥冥。金丹内成。此予之所得也。

〈読み下し〉海南白玉蟾《はくぎょくせん》は幼少のころ先師陳泥丸《ちんでいがん》に従い、丹法を学ぶ。冬至の時節に即ち乾《けん》を開いて、巽《そん》を閉じ、坤《こん》を留めて艮《ごん》を塞《ふさ》ぐ。北斗《ほくと》によって、七星を持ち、軒轅《けんえん》が扶桑《ふそう》を過ぎるのを謁《えつ》し、廣寒《こうかん》に入り、鶡尾《かくび》に面し、黄鐘《こうしょう》を挙げて、海に槎《いかだ》を泛《うか》べる。崑崙《こんろん》に登り、唐符《とうふ》を佩《は》き、天雷は撼《かん》す。巫山《ふさん》に遊び、黄童《こうどう》を呼び、朱児を召し、青龍の肝を取り、白虎の髄、赤鳳《せきほう》の血、黒亀《こっき》の精を土釜に入れ、啓して熒惑《けいわく》し、命じて伯を塞ぐ。丹砂を化成して華地を開き、神水を吸い、刀圭《とうけい》を飲み、無に従い有に入り、質無くして質生じ、鉛《えん》を抽して汞《こう》を添え、聖胎結成して十月既に満ち、気足りて形圓し。身外に身あり、これを胎仙《たいせん》という。その訣にいわく、志《こころ》を用いて不分なれば乃ち神を凝すること可なり。灰心冥冥《かいしんめいめい》にして金丹《きんたん》成ず。これは予の得たところなり。

〈訳文〉（ここには白玉蟾が師陳楠から丹法を伝授された時の様子を、隠語を用いて描いている体験の文章である。すべて特殊な丹法用語で埋められているためここでの訳出は行わない。）

〈原文〉如昔施肩吾之詩曰。氣是添年藥。心爲使氣神。若知行氣主。便是得仙人。惟此詩簡明。通玄造妙。故佩而誦之。自然到秋蟾麗天。虚空消殞之地。非枯木寒灰之士。不能知此。

〈読み下し〉昔施肩吾《せけんご》*の詩に曰《いわ》く。気はこれ添年《てんねん》の薬にして、心は気を使わして神と為さしむ。若し行気《こうき》の主を知れば、すなわちこれ仙人なるを得る。此の詩は簡明にして玄に通じ妙を造《な》す。故にこれを佩《たずさえ》て誦《とな》えれば、自然と秋蟾麗天《しゅうせんれいてん》、虚空消殞《こくうしょういん》の（境）地となる。しかしこのことは枯木寒灰《こぼくかんかい》の士に非ざれば知ること能《あた》わず。

〈訳文〉施肩吾の詩に言う。気は練功における薬剤であり、心は気をして玄妙なる作用を生む神となる。この気を使役する主人を知ることだ。それが仙人と成るということだよ。

　この詩は丹法の玄妙さを見事に表現している。そこでこの詩を誦えて丹法を修練してゆけば、自然と秋空のような晴れ晴れと澄みきった境地を得ることができるだろう。ただこの境地を得るためには完全な静定を達成した道士でなければ不可能である。

〈註〉

**施肩吾**《せけんご》　南宋始めの人。科挙にも合格した優秀な道士。華陽真人と称賛された。

〈原文〉予既得此。不敢自黙。太上玄科曰。遇人不傳失天道。傳非其人泄天寳。天涯海角。尋遍無人。不容軽傳。恐受天譴。深慮夫大道無傳。丹法湮泯。故作玄關顯秘論。蓋將暁斯世而詔後学。以壽金丹一線之脈也。復恐世人猶昧此理。乃復爲之言曰。以眼視眼。以耳聴耳。以鼻調鼻。以口緘口。潜藏飛躍。本乎一心。先當習定、凝神。懲忿窒慾。則水火既濟。水火既濟。則金木交併。則眞土歸位。眞土歸位。則金丹自然大如黍米。日服一粒。神歸氣復。充塞天地。孟子曰。善養吾浩然之氣者。此也。肝氣全則義。心氣全則禮。腎氣全則智。脾氣全則信。若受氣不足。則不仁、不義、不禮、不智、不信。豈人也哉。人能凝虚養浩。心廣禮胖。氣母既成。結丹甚易。可不厚其所養。以保我之元歟。學者思之。敬書以授留紫元云。

〈読み下し〉予既にこれを得る。しかし敢えて自ら黙さず。太上玄の科白《せりふ》に曰《いわ》く、「人に遭って伝えずば、天道を失し、伝えてその人に非《あら》ざれば、天宝を泄《もら》す」と。天の涯《はて》、海の角《すみ》を遍く尋ねて人無ければ、軽伝《けいでん》することは許されず、天譴《てんけん》を受けることを恐れる。しかし深慮するにそれ大道は伝えること無ければ、丹法は湮滅《いんめつ》す。故にここに『玄関顕秘論』を作す。蓋《けだし》し将《まさ》にこの世を暁《あから》め後学を詔《しょう》じ、以て金丹《きんたん》の一線脈を寿《ながら》えんとなり。復《ま》た世人此の理を曖昧にすることを恐れる。乃ち復び之を言いて曰く、眼を以て眼を視る、耳を以て耳を聴く、鼻を以て鼻を調《か》ぎ、口を以て口を緘《とじ》るべし。潜蔵飛躍《せんぞうひやく》するとは本一心のことならんや。先ず当に定《じょう》を習い、神を凝《あつ》める。忿《いか》りを懲《こ》らし、欲心を窒《ふさ》げば、即ち水火既済《すいかきさい》す。水火既済すれば金木交併す。則ち真土はその位に帰す。則ち金丹とは自然大の黍米《きびこめ》の粒の如し。日に一粒を服せば神は気に帰して復び天地を充塞す。孟子のいう善く吾浩然《こうぜん》の気を養うというのはこのことなり。肝気全なれば則ち仁、肺気全なれば則ち義、心気全なれば則ち礼、腎気全なれば則ち智、脾気全なれば則ち信なり。若し気を受くこと不足なれば、則ち不仁、不義、不礼、不智、不信にしてあに人たらんか。人よく虚を凝《あつ》め浩を養えば、心は広く、礼は胖《ゆるや》かなり。気の母は既に成り、結丹甚だ易し。その養うこと厚からずして以て我の元を保つこと可ならんや。学者はこのことを思うべし。啓書して以て授け留める。紫元云々。

〈訳文〉私は丹法を体得しているがそれと同時に、人に説くことをも敢えて辞さない。太上玄の言葉にもあるように、求めている人があるのに教えないということは天道に反することであり、逆に教えてもその人が体得しないことになれば、これは天宝を無駄にしてしまうという戒めも知っている。確かに軽々しくこの丹法を広めることは許されないし天罰を受けることにもなろう。しかし深く考えてみて結局この大道を人に伝えることができなければ丹法は滅びてしまうことになる。そこで私はここに『玄関顕秘論』を書き残して、後学が現れ出ることを期待し、そして世間に丹法が受け継がれてゆくことを意図したのである。と同時に後世の人がこの丹法の道理を曖昧模糊としたものにしないように願っている。そこでその道理を一言で繰り返しておく。

自己の眼で眼を見ること、自己の耳で耳を聴くこと、自己の鼻で鼻を嗅ぐこと、自己の口で口をとじるということ、つまり「内観」することが必要である。神仙が自由自在に飛回ることができるということは、本来自己の心が自由自在であるということである。そこでまず瞑想し禅定を学び、精神集中の方法を学ばなければならない。そして怒りの心や欲心をコントロールしなければならない。そして内気が任脈督脈を循環することを達成し全身に内気を充足させる。そうなれば天地自然と一体となることができるようになる。孟子が言った「浩然の気を養う」とはこのことである。

五臓に十分内気が満たすようになれば、「仁義礼智信」の五つの徳行を実現してゆく身心となる。身心共に虚となり広々とした気を集めることができれば、心は広く泰然とした心となり行為はゆったりと緩やかになる。そして内気を養う基本はできているのであるから、その上に丹を結ぶことは非常に易しいのである。従って広々とした気を養うことが大切である。丹法を学ぶ人はよくこのことを心掛けなければならない。謹んでここにその秘訣を伝授することとする。

# V

# 法句経に学ぶ釈尊の教え

# 第十二章　「よくととのえしおのれ」こそ導師なり

## 1　『法句経』という仏典

『法句経《ほっくきょう》』という経典は一般には知られていない。友松圓諦《ともまつえんたい》著『法句経』によれば、近代に入って島地黙雷がこの『法句経』の英訳本を紹来し、加藤正廓がその英書の一部を『法の道芝』として邦訳紹介した。その後昭和九（一九三四）年に、友松圓諦によるＮＨＫの放送講義によって一般に知られるようになった。

私がこの経典を知ったのは、一九八九年であった。友松圓諦が飜訳紹介したものである。これ以外に目に付く翻訳書はなかった。また仏教書や僧侶の間でこの経典を用いているることはなかった。元来日本仏教界は鎌倉時代以降の宗派仏教によって形成されてきたと言える。とくに現在は法華経の系統が大きい勢力を持っている。それが釈尊が説いた仏教の精神を継承しているか否かはべつとしても。過日あるカルーチャースクールでこの法句経の一部を講義した。その時その事務局が準備した案内には、「法華経」の講義というように紹介されていた。事務局に聞いてみると誤記だと思ってわざわざ直したということであった。

そしてまた仏教学者や僧侶などの専門的研究においてもこの経典を紹介しているものはすくない。

しかしながら私は、そこに紹介されている内容を知ったとき驚きと感動をおぼえた。そのなかでも特に一六〇番の「おのれこそ　おのれのよるべ　おのれを措きて誰によるべぞ　よくととのえし　おのれにこそ　まことえがたき　よるべをぞ獲《え》ん」という一文を知ったとき、単独で坐禅修行に精進していた私には大きい励ましを得ることとなった。

この飜訳文は多分に友松圓諦の主観的意訳が含まれているが、まずなにより釈尊《しゃくそん》の教えに直《じか》に接したという喜びがあった。日本の宗派仏教はいわゆる「大乗仏教」である。こうした大乗とか小乗とかいう区分け自体には賛成しがたいが、とりあえず便宜的に用いておく。他方この『法句経』が一般的に紹介されたのは明治以降で、それは近代的な新しい仏教運動の流れの中で実現したものである。

この『法句経』は「Dhammapada（ダンマパダ、真理の言葉）」として、セイロン方面に伝来されていた南方仏教においてはバイブルのように親しまれている。釈尊自身の教えにもっとも近い経典のひとつとして、人々は日常的にこの教えを用いてきたのである。

とかくに伝統的日本仏教は、道元《どうげん》の『正法眼蔵《しょうぼうげんぞう》』の哲学や親鸞《しんらん》の念仏と「信の仏教」や只管打坐《しかんたざ》の禅や公案《こうあん》の禅、法華経主義、マントラを主とする真言密教等である。おおまかに言えばこれらは非常に難しい教えを学ぶことか、またはなにひとつ教えは不要、ただ念仏による来世往生《らいせおうじょう》を説くという仏教である。

これに対して『法句経』に説く釈尊の教えは、簡単なインドの日常語で日常的なことを例示して仏法を説いているのである。ここには哲学や念仏や経典主義とは違う平常の出来事を通じて仏法を分かりやすく対話的に説いている。法を聞く人の身になって日常的具体的に説法するということを釈尊は実践していたのである。

私はこの『法句経』に現れている釈尊の言葉を通じて、宗派的教義的に説く従来の日本仏教のあり方とはまったく違う、釈尊の聞く人の身になって説く説法（対機説法）に驚異的魅力を覚えた。そうか、仏教というものは一つの経典に基づいたものではない、ましてや宗派的教義による必要もない。本来釈尊は仏陀《ぶっだ》となること、目覚めた人となることを説いたのである。何か新しい学問・哲学や特殊な修行を要求したのではない。凡夫の眼を覚まして慧眼《えげん》を持つこと、真実の自己を知ること、そのために坐禅修行が必要であること、これが釈尊が説いた教えなのであった。

## 2 真実の自己とはなにか

この設問は簡単である。しかしこれに答えようとするとなかなか思うようには答えられない。自分ということと自己とは同じなのか否か？　自分というのはなにも難しくはない。いまここに原稿を書いている自分、この一文を読んでくれているあなた＝他人である。自他という場合の自分についてはなんの問題もない。ではなぜ真実の自己なのか？　ほんとうの自分のこと、身体と心という存在以外に何かあるというのか？　なにもないのか。自然があり自分がある。では自然と自分とはどういうように区別するのか？

このように素朴に考えてみると、真実の自己ということを見つけ出すことはなかなか容易にはできない。

私の坐禅は谷中の全生庵《ぜんしょうあん》で基本的な坐り方を学びかなり坐禅に親しんできていた。そういう時期に円覚寺居士林《えんかくじこじりん》での泊まり込みの坐禅会を知ったとき、どうしても坐りにいきたいという欲求が高まった。そしてすっとこの道場に参加した。仕事の合間であったが熱心にというよりも仏道を求める必死の思いで参加していた。一年ほど過ぎたある日、足立《あだち》老師の『無門関《むもんかん》』提唱のとき突然、老師は「自己とは何ぞや。なぜいまここに坐っているのか？」この問いに答えてみよという。

確かに坐禅はどこででもできる。実際私は自室での坐禅もしていた。ではなぜ居士林にきているのか？　自問自答すれば、居士林があること、ここにくればすべての世事を絶つことができる。ただおのれ独り何の利害関係もなく、ここに坐禅している。それだけである、とひとまず答えを用意した。しかしこれだけではどうも何かがしっくりこない。

さらに老師は言う。生命とは何か？　たくさん知識を詰め込んで坐っている修行者たち。そのひとりである自分も一通りの仏教や坐禅についての知識を持っている。しかしそれなのになぜここにきて坐っているのか？　このことを徹底して掘り下げてみよという。

私の日記にはこの答えは書いていない。ただ末尾に、円覚寺の近くにある喫茶店・吉野での一杯のコーヒー。窓越しの白梅が満開を迎えている。それが一枝の椿の紅色とつり合って、野山に咲く白梅の趣を醸《かも》し出しているという記述を残しているのみである。

さて真実の自己とはなにか？　この設問と共にすでに『法句経』一六〇番の一文が私の脳裏にしっかりと埋め込まれている。

それは、「おのれこそ　おのれのよるべ　おのれを措《お》きて　誰によるべぞ　よくととのえし　おのれにこそ　まことえがたき　よるべをぞ獲《え》ん」である。

字義に即した他の訳文も書いておく。

「まことに自己こそ自己の救護者である。一体、誰がこの自己の外に救護者になりうるものがあろうか。よく制せられた自己にこそ、吾らは他にえがたき救護者を見出すことが出来る。」（友松圓諦訳『法句経講義』一九八一年）

「己こそ己の主である。他の誰がまさに主であろうか。己がよく抑制されたならば、人は得がたい主を得る。」（宮坂宥勝訳『真理の花たば』一九八六年）

「自分こそ自分の救済者である。他人がどうして自分の救済者であろうか。自己をよくととのえることで、得がたい救済を得る。」（A・スマナサーラ『原訳　法句経』二〇〇四年）

この釈尊の教えで深い意味ある言葉は「よくととのえし　おのれにこそ」真実得がたい頼りになるものがあるということである。現世は激流である。生・老・病・死、一瞬たりとも止まってはいない。しかも地位・名誉・財産があっても安心立命というわけにはいかない、それらは常に流動変化してゆくものでありそれらは消えてなくなるものである。絶対的実在ではない。処世のとりあえずの道具に過ぎない。

この激流に棹《さお》さして筏《いかだ》を操ること、それが生きてゆくということである。この激流に筏を操り対岸に到着させること、これが出来るのか否か。誰もがこの現世の試練を迎えて生きているのである。それに対して釈尊は、「よくととのえしおのれ」こそその頼りになるものなのだという教えを説いているのである。

釈尊の仏教は現世的他者による救済ということを説いてはいない。われわれは弱い存在である。「考える葦」であるという言葉がある。子供心にはよしよく勉強して考えの深い人間になろうというように思った。それがその後の私の人生の基本を決めることともなった。しかし現在私はこの言葉を、人は葦のように弱い者なのだ、という風に解釈する。夏になれば繁茂するがその根は弱いため台風でも来て川が増水すればすぐ倒れてしまう。

釈尊は人間は弱い存在であることを深く考慮していたのであろう。「弱い存在」に対して普通には、様々な「武装」をする。地位・名誉・財産というものもその自己武装の結果だと言えるだろう。これは自衛手段として当然だという見方もあるだろう。しかしそんな現世的他者による「武装」は瞬時にして崩壊してしまう。これに対して釈尊は、何ものも持たずに自らを調えることが最強の「武装」であり、金剛石の如き強い人間となる方法であると説いているのである。

この『法句経』一六〇番の教えは実にキツイ言葉である。一般人にはとうてい実行することは不可能であろう。そこで釈尊は出家を要求した。日常生活を離れて釈尊に従って教えを自ら実現する修行を要求した。原始仏教にあってはそれが最善の方法であったのだろう。私自身は在家仏教徒である。それはそのようになってしまったまでのことであり、僧侶となって寺院仏教に関《かか》わることをあらかじめ否定していたわけではない。ただそのような歩みをしてきたということである。

## 3　無我の教え

「我《が》」とは俺が、おれがという意識のことである。「われ思う、ゆえにわれあり」の「われ」である。「我欲」とか「自己実現」というようにも言われている。このことは私たちには当然のことであるかのように思っている。むしろそのように励むことが人生の成功を達成する方法であるというように言われ、書店には「自己実現」を主張した本はたくさん売られている。そのような方向で戦後教育も推進されてきた。

ところがこの「我」を否定する教え、それが釈尊の仏法である。私も当初この無我《むが》の教えに接したとき衝撃的であった。思い直してみると、私は自己実現の固まりのような人生をそれまで歩んでいた。もちろんそれは真剣な学問と社会的活動への参画であった。大学進学のための勉学、社会正義のための運動、出版社の仕事等の中でとかくに、世に出ることを目的に激しくエネルギーを費やした。それらはすべて自己実現のための活動であった。

それに対し釈尊の教えはそういう我欲に従う生き方は間違っている、それを捨て去ったところに新たに生まれ出てくる生き方をしなさいという教えなのである。

釈尊は自我に執着することを止めよと次のような説法をしている。

「『彼、われをののしり　彼、われをうちたり　彼、われをうちまかし　彼、われをうばえり』かくのごとく　こころ執《しっ》する人々に　うらみはついに　熄《や》むことなし」（『法句経』三番、以下引用は『法句経』）

恨み心が発生するのは自分のプライド（自我）が損なわれたというように思うからである。相手にののしられれば当然の如く反撃するのが一般人である。すると相手はさらに激しい攻撃をしてくる。このように自我に執着することを止められない人はどこまでいってもそのような対応を日常生活、人事百般にわたって行なってしまう。ついには戦争をさえ起こしてしまうもの、それが自我である。

無我ということはこの「われという意識（自我）」を捨て去ることである。しかしそれはニヒリズムになることでもなければ、「空っぽ」ということ、すべてを空無（幻空）に帰着させることではない。固定的実体がないという意味である。自我は科学的に究明してもこれというモノとして提出することはできない。我欲があり自己実現へと自らをかき立てることはあっても、そこになにか実体的なものがあるわけではない。

しかし同時にその欲望に従って精神的物質的に現出してくるものは世間一般の出来事でありこの現象世界である。それは不思議なことと言える。つまり私たちが生きているというそのこと自体が実は不可思議な出来事なのである。ただ普通にはそのことに気付かない。ただむやみに世間を右往左往して生きてゆく。それが私たちの日常である。

無我の教えは仏法の根本思想である。現代仏教に於いても「三宝印《さんぼういん》」として「諸行無《しょぎょうむ》常《じょう》」「諸法無我《しょほうむが》」「涅槃寂静《ねはんじゃくじょう》」と説く。これに「一切皆苦《いっさいかいく》」を付け加えて「四宝印」とすることになっている。

まず諸行無常ということ。これは平家物語などを通して日本人にはよく知られている。私は鴨長明《かものちょうめい》の「往《ゆ》く川は絶えずしてしかももとの水にあらず。よどみに浮かぶ泡沫《うたかた》はかつ消えかつ結びて止まりたる試し無し。人と住処《すみか》もまたかくのごとし」というように憶えている。少年の頃よりこの世というものは絶対安定したものはない。世間の出来事は泡沫のごとく消えてなくなるもの。永遠の存在というものはないものだということをなんとなく自覚していた。そしてそのような観念を持ちながら成長してきたように思う。

大学に入ってからK・マルクスが説いた「唯物弁証法《ゆいぶつべんしょうほう》」に引かれていったのは、こうした観念への無意識の反発だったのではないか？　なにか確信的なものを求めて模索するという青年期の迷いであったように思う。しかしこの迷いは無駄というふうには思ってはいない。様々な思想を遍歴することも青年期の避けることが出来ない歩みなのであったと思う。

「『すべての行《もの》は無常なり』とかくのごとく智慧もて知らば彼はその苦を厭《いと》うべし。これ清浄に入るの道なり」(二七七番)

釈尊は諸行無常を知ることは仏道への入門であるという。

一切皆苦ということ。

「『すべての行《もの》はくるしみなり』とかくのごとく智慧もて知らば彼はその苦しみを厭うべし。これ清浄に入るの道なり」(二七八番)

「行」は「作られたもの」「構成されたもの」という意味。一般的に行為のこと。自らの行為の結果生まれ出たものを業《ごう》という。その業から煩悩《ぼんのう》が生まれ、妄想が生まれ出てくる。妄想を持つことから苦しみが生まれ出てくる。この妄想も生まれては消え、生まれては消えて止まることはない。往く川の泡沫の如しである。妄想もまた無常なり。世間や自然界において固定したものはなにひとつとして存在しない。そして心の中も同様に固定されたものはなにもない。

すぐれた智慧を備えてこの「一切皆苦」を知るならばそれこそが仏道であるという。

諸法無我ということ。

「『すべての法《もの》はわがものにはあらず』とかくのごとく智慧もて知らば
彼はその苦しみを厭うべし。これ清浄に入るの道なり」（二七九番）

友松圓諦《えんたい》の訳文をみると、「すべての現象には、物それ自身というものはない（諸法非我、無我）。こういうことを智識によって知ると、そのとき、現象界の苦しみを厭うようになる。これが清らかな生活に至るの道である」。

宮坂宥勝《ゆうしょう》の訳文。「あらゆるものには実体がないと智慧をもってみるときには、もろもろの苦悩を厭う。これは清浄への道である」。「もの」という訳の原語はダンマdhammaである。これは存在しているもの、事物をさす。

「無我」ということは固定的なものという存在性はないこと、もの（諸法）に実体はないという意味である。

「諸行無常」は時間的方面からの真理であり、「諸法無我」は空間的方面からの真理を説いたものである。

無我の教えは仏法の奥義となっているのであるが、ものの本質として実体的なものはないという真理は、近代科学を超えて量子力学を基礎にして発展してきた現代科学の見識（量子論、不確定性原理等）とも合致する真理である。釈尊が説いた「諸法無我」はむしろ現代科学をベースにした学問的知見と矛盾しない真理である。

一般的に「宗教」というと科学的知見とは離れた異質なものという認識をもつことになってしまう。しかし仏法は「宗教」という分類にはなじまない。むしろ人格の完成をめざす「修養（行）法」という方が適切である。仏法はけっして現代科学と対立するものではない。むしろ現代科学をも包み込むことができる真理なのである。問題は知識をもつこと自体ではなく、その知識を通した真理を生きること、「無我の教え」を自己の人生において実践することでなければならない。

西洋近代哲学思想は「自我の思想」である。これは中世キリスト教支配によって奴隷の如《ごと》く盲目となっていた時代への反逆＝ルネッサンス（人間性の回復、自我の要求）があり、その延長に近代科学とその思想が発展した。

これを基礎にした現代思想においても「自我」を持つことが現代的常識である。それに対し仏法は無我（自我を棄てること）の教えを説きそれを生活実践の基礎とするのでなければならないと説く。仏法は「物質的科学主義」を超え出た教えである。唯物論でも観念論でもない。双方を超越した真理である。。釈尊は現代科学まで予見することはしなかったけれども現代科学の成果を知れば、むしろ仏法の真理は現代的価値をもつ先端的教えとなっているのである。

涅槃寂静ということ。これは仏法を実践したところに生まれ出てくる最上の生き方のことである。

「無病は上なきの利　足《たる》を知るは上なきの財
信頼こそは上なきの親族　涅槃こそ最上の安楽なり」（二〇四番）

無病は健康であるということ。足を知るは『老子』にもある知足《ちそく》の教えである。貪欲はなによりの害悪である。貪《むさぼ》ることをまず止めなければならない。信頼出来る人（パートナー）と暮らすことは幸福な生活の基礎である。そのようにして涅槃の人生を送る。涅槃はニッパーナNibbāna、心のやすらぎである。

心が安らいでいる状態に措《お》いてこそ人生は幸福となってゆく。自ずからそのような生活・人生を送ってゆくことができるようになる。この心の安らぎの上に智慧が湧き出てくる。意図せざるして湧き出てくる叡智こそ人生の指針となる。

儒教『論語』などで説く道徳の実践徳目それ自体はすばらしいものである。ところがこれを押しつけるようなことになれば逆効果となる。このことは徳川幕藩体制・封建社会や明治・大正・昭和の「忠君愛国」や「軍国主義」を経験してきた私たちには自明であろう。これに対して仏法は自らの修行によって個々人がこの涅槃に至る道を歩むことを要求する。これを実人生において実践できるのか否かである。

## 4　ひとり歩むことこそよけれ

象《ぞう》といえば子供の頃よく見に行ったターザン映画を思い出す。ジョニー・ワイズミューラーのターザン。泳ぎが早い。ワニとの格闘で短剣を水中で使ってその腹を切り裂いてしまったシーンを今でも鮮明に思い出す。

そして象である。ジェーンが火あぶりの刑になってしまう危機が迫っている。ターザン一人では救い出せそうもない。そこにターザンのアー、アー、アーという甲高い声が森林一帯に響き渡る。それを聞いた象たちが一斉に動き出して、押し寄せるようにして走り出す。

この象の大群が走り込んでくるとジェーンを火あぶりにしようとしていた悪者たちはひとたまりもなく退散してしまう。そのシーンを見て子供心にほっとする。痛快な思いに浸される。この映画のためもあって私は、象というのはライオンや虎よりも強い地上最強の生き物というふうに思っている。

インド象はアフリカ象とは違う種類なのであろうか。アフリカ象のように耳は大きくないし、格好も少し小さいようだ。しかし力はあり大木などを押し倒したりしてしまう。性格はおとなしい。村や町中では自由に住んでいる。インドの住民は象と仲良く暮らしている映像をよく目にする。インド人にとっては象は生活の一部、犬や猫のようなものになっている様子である。

釈尊が存命の頃も象とインド人との関係はできていたようである。そして日常生活は森林の付近であったことからよく象を見かけていたのだろう。そのためか釈尊の教えのなかに象を譬《たと》えとして用いているものがままある。

「射られたる箭《や》を忍ぶ戦場の象のごとく
われはひとのそしりを忍《しの》ばん
大衆はげに戒めをもたざればなり」（三二〇番）

仏法を学ぶためにはまず坐禅（瞑想）の修行が必要である。その場合でもやはり指導者による正しい教えを得ることがあればより容易《たやす》く成就することができるだろう。しかし現代のように「葬式仏教化」している僧侶に仏道の正しい指導を求めることは難しい。よい指導者に出会うということは至難のワザといえる。

私も指導者となっていただけそうな僧侶に出会ったが、残念なことにその僧侶は出会って一年ほどでガンで死んでしまった。こうしたこともあって結局今日まで独りで修行し独覚の道を歩んでいる。こうした中で当然このままでほんとうにいいのだろうかという不安が生まれてくる。

『法句経』と出会ったのはそんな時であった。そしてそこに釈尊自身の教えを知ったとき、そうか考えてみれば釈尊は独覚者《どっかくしゃ》であったということをあらためて知ったのである。釈尊は『法句経』の中で次のように述べている。

「ひと若《も》し心つつましく善を行ずる賢者を友に得ばすべての危難に克《か》ちよろこび深く共に往《ゆ》くべし」（三二八番）

「ひと若し心つつましき善を行ずる賢者を友に得ずば克《か》ち得たる領土を棄つる王のごとくひとり行くべしかの林中の象のごとくひとり行くべし」（三二九番）

この教えに接したとき私は目の鱗《うろこ》が落ちるというショックを得た。ともに歓喜の思いに浸った。

さらに釈尊は説いている。

「おろかなる者と往くなかれただひとり往くこそよけれ
ただひとり往くともあしきをばなさざるべし
かの林中の象のごとく求むること少なかるべし」（三三〇番）

このように釈尊は弟子たちに説いていたのだ。

釈尊の教えは素晴らしい。しかしその教えを正しく後世に伝えることができるか否か。それはその伝える人による。時代を経て仏法の伝播は歴史的に変容して行く。そのことは不可避なのであり、それによって誤った方向に変わってしまうことも当然予想される。釈尊はこのことをよく認識していた。

そのためか臨終にあって、弟子のアーナンダに残した言葉は、「自灯明《じとうみょう》、法灯明《ほうとうみょう》」という教えであった。自ら修行し釈尊が説いた教え、仏法をおのれの身に体現せよ。そのうえで人々に仏法を説いてゆきなさいということを遺言としたのである。個人崇拝のような信仰ではない。ひとつの経典を守れともいわなかった。仏法はその人から他の人へと伝法することでなければならない。「以心伝心《いしんでんしん》」ということである。

## 5　身心を浄化し、よく調えよ――「身・口・意三密《さんみつ》の行」

釈尊はなによりもまず心についての教えを説いた。

「意《おもい》は諸法にさき立ち　諸法は意に成る　意こそは諸法を統《す》ぶ
けがれたる意にて且《か》つかたり且つ行わば
挽《ひ》くものの跡を追うかの車輪のごとく　くるしみは彼にしたがわん」（一番）

「意《おもい》は諸法にさき立ち諸法は意に成る　意は諸法を統《す》ぶ
きよらなる意にて且つかたり且つ行わば
形に影のそうごとく　たのしみ彼にしたがわん」（二番）

『法句経』の冒頭にまず、心を汚さないように勤めなければならないことを説く。友松圓諦の訳語「意」は通常の心の意味で用いている。そして日本語の心は想い、意志、意識等のすべての意味を含めて用いる。

心は人の行為に先立っており、その心が行為のすべてを統制している。心に思うことが行為を決定する。そのため汚れた心で行為をすれば悪をなすこととなり、その結果、自分自身に苦しみをもたらすこととなる。清浄な心持ちで行為をなせば、自ずから善行を積み楽しいことのみがついて回ってくる。これは誰でも肯くことができる真理である。

ところがこのように、清浄な心を持つことは実際には容易ではない。まず例外なく心を汚すようなことを自ら行ってしまう。悪行を行い悪口を言ってしまう。それは世間に生きている誰もが普通に経験していることである。従って清浄な心を持つということは実際には非常に難しい。

釈尊はまず何よりも第一に、心を汚すなという教えを説く。これを日常的に心掛けることを要求する。しかしその教えを知ってもそれでもなお心を汚すようなことになる。そういう心を汚す毒と言われているものに、「貪欲、怒り、愚鈍」の三毒がある。これら三毒は誰もが経験することであり、その結果は心を汚してゆくことになる。

言われてみるとなるほど当然のことと思うが、これを日常実践するとなると普通一般にはとうていできるようなことではないことが分かる。しかしそれでもなお釈尊はこの三毒を止め心を浄化することを要求する。

仏法はけっして難しい修行や哲学を説くことではない。この場合、ただ悪行、悪口をしないことを実践することのみである。ただこれだけである。

私たちの心はすでに汚れてしまっている。私たちが生まれてこの方、赤子のような心、「赤心」を保持することは実際的には不可能なのである。そこで仏法の第一に要求するところは、心を浄化するトレーニング、修行が必要ということである。瞑想行はそのためにある。特定の場所、時間を決めて専一に瞑想修行を行わなければならない。それによって専一に心の浄化をトレーニングする。

難行苦行の間違いを悟った釈尊は、下山して静かに瞑想の時を過ごした。この時に一瞬にしてこの心を浄化することの意味を覚った。ここにこそ仏法の奥義がある。

さらに釈尊は説く。

「こころはざわめき動き　まもりがたく調《ととの》えがたし
されど智者はよくこれを正しくす
箭《や》をつくるものの　真直ぐに箭を矯《た》めるがごとし」（三三番）

「棲み家なる水を離れて　うるおいもなき陸《おか》の上になげすてられし魚のごとく誘惑者の領土をのがれんとて　こころひたすらにたち騒ぐ」（三四番）

心は汚れるのみではない。心は動くのである。ざわめいて勝手に立ち騒ぐようなことになる。心を静止させておくこと、これは一般的に難しい。なにかの拍子に動いてしまう。動かない心ということは世間にはないだろう。情にほだされて心はどんどん動いていってしまう。心は本来的に動くものである。そのようなものとして心は存在している。心は広い。物理的障害はない。どこまでも広げてゆくことができる。

心は動く。するとこの心を静止させることがとりもなおさず、心の調整となる。「止」の瞑想法である。心を動かさないトレーニングを行うのである。

心は本来的に、生きている限り動くのである。ではこれを静止するということはどういうことなのか。

以上のことを気功の観点から言えば、「心気一如《しんきいちにょ》」である。気は無限の生命エネルギーである。常に動いている。止まることはない。そのように心も気の動きに応じて動いている。

では心の静止とはどういうことなのか。それはその心気の動きが微細・微妙な均衡を保った状態である。完全に均衡状態となることである。それが静止ということである。それも一瞬にして動に転換する。常に心気は動いているのである。

心気一如。心を浄化することは好い気を養うこととなる。善心は好い気を養う。悪心は悪い気を養う。この逆も真なり。邪気が溜まるようなことになると悪心が生まれ出てくる。正気を養えば心も浄化されてゆく。

こうして気功によって好い気を養うことは汚れた気を除去することとなる。好い気を養い邪気を排除する。このような練功を行ってゆくことが正しい練功となる。

このように調心と調気は一体の事柄である。調心によって調気する。また調気によって調心する。

「ありとある悪を作《な》さず　ありとある善《よ》きことは身をもって行いおのれのこころをきよめんこそ　諸仏のみ教えなり」（一八三番）

「諸悪莫作《しょあくまくさ》　衆善奉行《しゅぜんぶぎょう》　自浄其意《じじょうごい》　是諸仏教《ぜしょぶっきょう》」（七仏通誡偈《ひちぶつつうかいげ》）である。

自浄其意、これこそ仏道修行の要である。そしてこれは言うは易く行うは難しである。

「意《おもい》は寂静《しずか》なり　語《ことば》もまた寂静なり　身になす業《わざ》もしずかなり
かかるひとこそ正しき智慧もて解脱《げだつ》をえ　安息をえるなり」（九六番）

「ことばをつつしみ　意をととのえ　身に不善を作さず
この三つの形式《かたち》によりておのれをきよむべし　大仙《ひじり》の説ける道を得ん」（二八一番）

「身に　語に　意に　悪を作《な》すことなく
この三つの処《ところ》に心ととのうるもの　われ彼を婆羅門《ばらもん》と謂《い》わん」（三九一番）

このように繰り返し釈尊は三密《さんみつ》の行《ぎょう》を説いた。「七仏通誡偈《ひちぶつつうかいげ》」は日本仏教、特に禅宗において用いられている。その意味することは「意」、心を浄化することこそが仏法の極意であるとひとまず言える。しかしながら本来的に身心は一如である。

仏法は本来何よりも行為の教えである。「学問知識」の教えではない。自らの行為を正しくすること、そのために修行があり教えがある。人間の行為は自ずから「身・口・意」、すなわち身体（身・形）、言葉（口調）、心（意識）という三つに分類できる。そしてこれら人間の行為を生み出す源泉は真気（生命エネルギー）である。気功の基本である「三調（調身・調息・調心）」を体得すればこの「身・口・意」三密の行を直ちに実践することができる。

インドではヨーガ修行は常識であり基礎であった。当然釈尊もヨーガの達人であった。その上に釈尊独自の仏法を説いた。私自身はインド・ヨーガの方法を直に学んではいない。しかし幸いにも中国伝統の気功・丹法の基本を学ぶことができた。それは身心一如の修練方法である。気功・太極拳はそれぞれの身法、形の法を学ぶことが基礎である。そしてそれは丹法《たんぽう》の「築基《ちっき》」の内容に相当している。

私は仏法を学ぶということから見れば確かに「遠回り」をした。しかし「急がば回れ」である。頂上目指して険しい道を直登する方法もある。それも良いだろう。しかし「巻き道」を楽々と歩いて頂上に到達する、そのような方法＝道があることも真実である。というより釈尊が難行・苦行を放棄したところに真実の仏道を発見したということからして、むしろこの「巻き道」という易しい道を歩むことにこそ仏法の真実、叡智の道が開けてくるのである。

事実、釈尊は次のように説いた。

「思惟を静め集めるところに智慧が生まれる。これに反して、思惟が動き散っているならば智慧はほろびる。いかにせば、智が生れ、いかにせば、智がほろぶかという、この二つの道を知って、智慧が増上するように、自らを修めなさい」(二八二番)

世間的毀誉褒貶《きよほうへん》の中に埋もれていることでは叡智《えいち》は生まれ出てこない。陸上に投げ出された魚の如く、ただバタバタと跳ね回ることのみである。

と同時にただ静謐《せいひつ》のみを好むことはこれも誤りである。日常の塵無繁務《じんむはんむ》の中に在《あ》って智慧ある生活を送ることができること、そういう術＝仏法を身に付けた人こそ真人《しんにん》である。

白隠禅師はいう。「平生六塵の上に於いて」、「正念工夫を相続せよ」。「五欲六塵《ごよくろくじん》の上に在《あっ》ても、蓮の泥土に汚されざる如《ごと》く」、仏法を正念工夫《しょうねんくふう》し実践することこそ「菩薩《ぼさつ》の威儀《いぎ》」である(以上『遠羅天釜《おらてがま》』)。

現代に生きる私たちはこの釈尊の教えの真実、白隠禅師の教えの真実を正面から受け止めて学び取ること、これのみが許されているのである。

## 6　情動のコントロール——「貪・瞋・痴」を棄てる

心は表面的なものからより深い深層意識にまで至る。ここにあるものとして情動がある。感覚的、官能的心の動きである。その中にあるもののひとつに、怒り（憤怒、瞋り）がある。

心の三毒に「貪《とん》・瞋《じん》・痴《ち》」があるが、「瞋《いか》り」を消滅することを仏法は要求する。というのはこの怒り（瞋り）というものは、深い心の奥から発せられるが、その怒りを発出することはただちに自ら心を汚すことになる。実際怒ることは嫌な思いを残し、自らの心を痛めてしまうことは誰もが経験するところである。相手の心を傷付けることはいうまでもない。

この怒りをコントロールすること、怒りを抑えることは最高の仏道修行なのである。

「人、若《も》しまさに怒れるを押え　奔《はし》る車を止むるごとくととのえなば　われ初めて彼を御者《ぎょしゃ》とよばん　しからざるひとはただ手綱をもつものなり」（二二二番）

怒りを持つことは他人の心を傷付けることのみならず、自らの心と体をも傷害してゆく。怒りの心を持ち続けるとついには病気にさえなってしまう。それほど怒りということの害は大きい。

世間は毀誉褒貶《きよほうへん》である。それは常に人々の心を昂揚沈滞《こうようちんたい》、左右する原因となる。そこから発出してくる怒りを抑制すること、これが最高の修行になるのである。

このことも言うは易く行うは難しである。実際世間一般は好き勝手に生きている。ＴＶニュースでも日々悪事は報道されている。そこには傷害・殺人事件もあれば、金銭に溺れる事件もある。不義密通の事件もある。誘拐《ゆうかい》事件や昨今には子供同士の間での事件も多い。世界的には戦争が日常的に起こっているのである。

これらを見れば「平和と幸福な生活」という誰もが当然のこととして求めることが、実際には破壊されている。そのような日々を依然《いぜん》として続けているのが今日の世間一般である。そしてこれらを見聞きすれば当然、怒りの心情が湧き出てくる。それもやむを得ない。

しかし釈尊はその怒りを鎮めよというのである。その現実を前にしてなお、怒りを抑制することを要求する。そのような毀誉褒貶や破壊的世間事に対して怒りをもって対応することを止めることを説いたのである。

怒り（瞋り）。腹を立てることを棄てること、それはまた怨《うら》み心を棄てることである。

「まこと、怨みごころは　いかなるすべをもつとも
怨みを懐くその日まで　ひとの世にはやみがたし
うらみなさによりてのみ　うらみはついに消ゆるべし
こは易《かわ》らざる真理なり」（五番）

怒りの心情となること、怨み心は世間一般には普通のことである。この怨み心というものは、ただ恨むことを止めることによってのみ消滅する。これ以外に特別便利な方法などはない。怒ることを止めよ、恨むことを止めよ。これを実践して生きてゆくことである。日々その実践を通じてのみこの教えの真実が明らかなものになる。

ところで自分自身はこの怒りを棄てる修行を実践したとしても、世間人は普通に怨《うら》み辛《つら》みの中で生きている。これが現世である。ではどうするのか。

釈尊は当然にもこのことを考慮し教えを説いている。

「怨みをいだく人々の中にたのしく怨みなく住まんかな
怨みごころの人々の中につゆ怨みなく住まんかな」(一九七番)

釈尊の伝記を読むと、この教えの実際を示してくれている。事例は「水の争い」(渡辺照宏著『新釈尊伝』参照)として伝承されている。

農耕を生業とする種族にとっては水が命の元である。釈尊の故郷カピラヴァスツの東方にローヒニー河が流れていた。この河を挟んでコーリヤ族が生活していた。双方は婚姻関係もある生活状態であった。そこに流れているローヒニー河にダムを設けて両国の田畑に水を引くことにした。

ある夏の日、日照り続きで水不足が続いた。そのため両方へ水を引くことができないという状況に陥った。そこでこの川の水をそっくりよこせという争いが発生した。まあアメリカの「西部劇映画」などにも出てくる水争いである。そのままでは双方の暴力的争闘になる状態となった。

この時釈尊はカピラヴァスツの郊外に滞在していたが、この争いを知ると、「私が行かないと両方とも滅亡してしまう」と考えた。そして一人空中を飛んでローヒニー河の上空に坐禅姿をして出現した。神変《じんぺん》を現したのである。双方ともこの釈尊の姿を見ると武器を棄て礼拝した。

そして事情を聞いた釈尊は、水争いで人の命を奪い合うことは正しいことではないと双方を諭《さと》した。そして汝《なんじ》たちは怨みをもって暮らしているが私は怨みなく暮らしている。汝たちは悩みを持って暮らしているが、私には悩みはない。汝たちはむさぼる心を持っているが、私にはむさぼりはない、と説いた。この釈尊の教えを聞いて双方とも正気に戻り、戦いを止めた。

この「水の争い」の説話にある教えは、怨み心を持って争う生活することではなく、互いに智慧を出し合って共存生活してゆくこと、そのための努力を惜しまないことと解釈することができる。

このような「お話」は幼稚な話と思う人もいるだろう。しかし現代も日常的国際的事件の報道を見れば、こういうレベルの「お話」が毎日のように展開されているのが私たちの日常である。釈尊が生きていた時と今日との違いは、科学技術的に複雑化したということは言えるだろうが、そこに住んでいる私たちの人間性、本性的進歩はほとんどない状態といえるのではないか。

ともあれ釈尊は、怨み心を持つ人々の中に住むこと、そこを逃避するのではなくそこにあって、自らは怨み心を持たない生き方をしてゆくことを説いた。それが仏陀《ぶっだ》の道なのである。

また極端に喜ぶことも抑制しなければならない。貪欲に溺れて喜ぶこと、これも仏道修行の障害となる。

「金貨の雨を浴びるとも諸欲には飽くことなし
されば小分なりとも諸欲を味わうはくるしみなりと賢者は知れるなり」(一八六番)

欲望は制限がない。特に愛欲ほど苦を生み出すものはない。

「愛する者と相会うなかれ　愛せざるものとも会うなかれ
愛するものを見ざるは苦なり　愛せざるものを見るもまた苦なり」（二一〇番）

「されば愛するものを持つなかれ　愛するものを失うはげにわざわいなればなり
愛するものも愛せざるものもなくば　かかる人に纏累《まつわり》というものなからん」（二一一番）

「愛よりうれいは生じ愛より不安《おそれ》は生ぜん
愛を超越《こえ》し人こそ愁いなし　かくていずこにかおそれあらん」（二一二番）

このように釈尊は説いている。これらは説明することもない。要はこれを実践することが出来るか否かである。仏道修行はこの愛欲を超越することを要求する。

密教の重要経典『理趣経《りしゅきょう》』〔「般若波羅蜜多理趣百五十頌」（般若理趣経）真言宗の常用経典。〕には「性愛」を通じて「性愛」を超越する修行法を説いている。この修行法はダライ・ラマ一四世のチベット密教の本にも説かれている。これは未熟な修行者には要求できない。

しかし、仏法修行は本来この愛欲を自制し超越することを要求している。

「愛欲よりうれいは生じ　愛欲よりおそれは生ぜん
愛欲を離れし人にうれいなし　いずこにか　また　おそれあらん」（二一五番）

『法句経』は「愛欲」の項目を立てるほど、このことについての戒めをくり返し説いている。

## 7　蜜蜂の智慧

仏道修行の到達目標は、智慧によって自由自在に生活することにある。この「智慧」は世間一般の「人智」ではなく、「仏の智慧」である。現在の大乗仏教においても六波羅密《ろくはらみつ》（布施《ふせ》・持戒《じかい》・忍辱《にんにく》・精進《しょうじん》・禅定《ぜんじょう》・智慧《ちえ》）という仏道修行の実践徳目がある。この到達目標の智慧は「仏の智慧」であり、そのことを簡潔に説いた経典が『般若心経《はんにゃしんぎょう》』である。高神覚昇《たかがみかくしょう》の『般若心経講義』による解釈を採用すれば、「仏の智慧」と区別して「凡夫の智慧」のことを「識」という。凡夫の浅はかな智慧のことを「愚痴」といい、これを「識」という。「仏の智慧」は、「迷える人間の智慧」ではなく、「(真理を)知れるもの、目覚めたるもの、悟れる人の智慧」、「宇宙の真理を体得した仏陀(覚者)の智慧」である。

「花びらと色と香をそこなわず
ただ蜜味のみをたずさえてかの蜂のとび去るごとく
人々の住む村落にかく牟尼《ひじり》は歩めかし」(四九番)

「仏の智慧」というけれども、実際この牟尼《ひじり》のごとく世間を自由に生きてゆくことができるだろうか。世間を遊行することはほんとうに楽しい。それは同時に世間にある華やかな色香を損なうことによるのではない。日常的楽しみに耽ることは通常のことである。しかしその楽しみに溺れてしまえば、「死に神」がその人を襲うであろうと警告している(『法句経』四八番)。

法華経に「火宅童子《かたくどうじ》」の教えが説かれているが、その童子のように楽しきの中に溺れずして、「蜜味のみをたずさえてかの蜂がとび去る」ように遊行する。これは難しくもありそれ故に真実楽しい遊行となる。

「都大路に棄てられし塵芥《ちりあくた》の堆《つみ》の中にも
げに香りたかくこころたのしき白蓮は生ぜん」（五八番）

さらに続けて、

「かくのごとく塵芥にも似たる盲目たる凡夫のうちに
正しき覚者の弟子は智慧をもて光あらわる」（五九番）

釈尊はこの現世を離れて正覚を得ることを説いたのではない。むしろその現世の塵芥の中からこそ「香りたかくこころたのしき白蓮」は咲き誇る。仏陀（覚者）はこのように世間事の中から「蜜味」を吸い取って栄養とする蜜蜂のような智慧を体得している。これを叡智という。

この叡智の教えを実践するためには何よりも瞑想（禅）の修行が必要である。そして瞑想の方法は先覚者によって幾通りも開発されてきたのであり、修行者が自らに合う瞑想法を選択すればそれでよいのである。

# あとがき

臨済宗中興の祖と謳《うた》われる白隠禅師は、白玉蟾著《はくぎよくせん》『玄関顕秘論《げんかんけんぴろん》』の一文「おおよそ生を養い長寿を保つの要、形を練るにしかず。形を練るの要、神気をして丹田気海の間に凝《こ》らしむるにあり。神凝るときは気集まる。気集まるときはすなわち真丹《しんたん》成る。丹成るときは形固し。形固きときは神全《まつた》し。神全きときは寿《いのち》ながし」を紹介し、これは「内観の秘法」であるという。

誤解されることのないように強調すれば、「丹」は外丹ということではなく、ただ「心火」を下ろして「気海丹田の間に充たす」ことを修練することであると述べ、そしてこの内観法と参禅学道とを双修して「三十年」に至ったと『夜船閑話《やせんかんな》』で述懐している。これは白隠禅師の禅法の真髄がここにあると表白しているのである。

私とこの『玄関顕秘論』との出会いについては、仏教専門誌『大法輪』平成十三年一〇月号に発表し、その内観法が持つ白隠禅における意義を強調した。

本書においてはこの白隠内観法は丹法《たんぽう》（内丹術）であること、さらにその白玉蟾著『玄関顕秘論』の全文を紹介・解説した。これによって白隠内観法の全体的真相、その意義を解明し提供することができたであろう。

丹法は禅法の一種である。そしてこの丹法は本来真人《しんにん》すなわち釈尊が説いたところの仏《ぶっ》陀《だ》（目覚めた人）となるための修行法なのである。従って当然にも「これは仏教であるのか道教であるのか」というような問いは、白隠禅師自身が述べているように戯論《けろん》に過ぎない。また白隠内観法は、丹法＝練気という気功の一種でもあり、「健康法」としても有効である。しかしながらそれに止まっていたのでは白隠「内観法」の真実の意味を知ることはできないのである。

他方、私は『法句経《ほっくきょう》』によって釈尊自身が説いていた仏法の内容を知った。その中に「おのれこそ　おのれのよるべ　おのれを措《お》きて誰によるべぞ、よくととのえし　おのれにこそ　まことえがたき　よるべをぞ獲ん」（１６０番）という一言に接し、心底から身震いする思いで繰り返し心読した。おのれの身心をよく調えること＝セルフ・コントロールの道、これが釈尊の教え（仏法）の本道であることを覚知した。そしてまた宗派に偏ったり経典に拘るようなことは釈尊自身が完全に否定している。仏法は自己自身に実現することであり、その本道は禅法にあるからである。

アーラーダ・カーラーマ仙人のもとでヨーガを修行しその達人でもあった釈尊は、当然目には見えない気（プラーナ）や宇宙、生命《いのち》について十分体認していたということができるだろう。釈尊が説いたこの『法句経』には、まだまだ豊かな仏法の醍醐味が伝承されていると思うのである。

さて本文中にも述べたけれども、求道の途上にあって様々な人士からご鞭撻《べんたつ》を頂《いただ》いた。それがあったればこそ、ここに本書を上梓することができるまでに至った。これまでに紙誌や講座等に発表する機会を与えて下さった先輩諸氏、この場をお借りし厚く御礼申し上げる次第である。

また本書の出版を快諾して頂いた論創社森下紀夫社長に心から御礼申し上げる。

そして末尾となったけれども、長年人生を共に歩んできた家族には、この出版に心から賛同し応援もしてもらった。ほんとうにありがとう。

二〇一五年九月吉日

岡部守成

**岡部　守成**（おかべ・もりしげ）
1942年東京都に生まれる。1962年静岡大学文理学部理学科に入学し学ぶ。1982年（株）青山館を設立、出版業を始める。その後（有）ソフト・アソシエイツを設立し、編集・ライターの仕事をしながら坐禅会に参加。そして白隠「内観法」の実践的研究のため、気功・丹法と太極拳の修練に励む。2000年に独立、指導を始める。現在も修養と研究、執筆、講話等の活動をしている。
Eメール：kumo12-tannzawa@jcom.zaq.ne.jp

**丹法入門——白隠「内観法」の真実**

---

2015年11月25日　初版第1刷印刷
2015年11月30日　初版第1刷発行

著　者　岡部守成
発行者　森下紀夫
発行所　論 創 社
東京都千代田区神田神保町2-23　北井ビル
tel. 03（3264）5254　fax. 03（3264）5232　web. http://www.ronso.co.jp/
振替口座　00160-1-155266
装幀／宗利淳一
印刷・製本／中央精版印刷　組版／フレックスアート
ISBN978-4-8460-1488-9　